SVILUPPO WEB

Sommario

HTML

Premessa

Una delle ultime tendenze per i professionisti di Internet è l'avvento della codifica HTML5. Sta diventando il linguaggio preferito dai siti web ovunque. Nell'ottobre 2014 il World Wide Web Consortium lo ha standardizzato e ora stiamo assistendo a molti siti Web che usano HTML5. YouTube, ad esempio, è passato da Flash player a HTML5 anche perché dal 31 dicembre 2020 Flash è stato deprecato su alcuni browser.

Innanzitutto, cos'è HTML5? Prima inquadriamo l'HTML che, nella sua essenza, è essenzialmente un mucchio di tag. Un tag aggiunge del valore al tuo testo, quindi, consente di renderlo digitale e fruibile a tutti.

Ma, con HTML5, il linguaggio di markup è diventato un tessuto connettivo che tiene insieme una serie di altre tecnologie. Audio, video, immagini, parole, titoli, citazioni, canvas, grafica 3D, indirizzi e-mail: ti permette di dire che queste cose esistono e fornisce i mezzi per usarli in una pagina.

Ecco quattro motivi per cui imparare ad usare HTML5, insieme ad alcuni avvertimenti da tenere a mente.

1. È il futuro della programmazione

Oggi, moltissimi siti web al mondo utilizzano HTML5. Internet sta diventando sempre più basato sulla multimedialità, quindi, richiede un linguaggio di programmazione in grado di accogliere questa prospettiva. HTML5 rende la consegna del contenuto multimediale molto più facile per lo sviluppatore e più veloce per l'utente che lo riceve.

2. Appare nello stesso modo su tutte le piattaforme e i browser

Quante volte hai visitato un sito web su Chrome e ti è sembrato perfetto, ma in seguito l'hai controllato sul tuo smartphone e non si adattava correttamente allo schermo? La compatibilità su tutte le piattaforme è uno dei principali vantaggi di HTML5 e questo è fondamentale per le aziende oggi. Con così tanti browser e formati disponibili, è necessario che il tuo sito web appaia allo stesso modo su tutti e creare una versione diversa per ogni piattaforma è poco pratico. Con HTML5 e il responsive design, puoi avere solo una versione della tua pagina web che avrà sempre un bell'aspetto, a prescindere da quale browser o dispositivo i tuoi utenti stiano utilizzando. Tuttavia, la compatibilità non è perfetta.

3. **La codifica è semplificata**

   Gli obiettivi principali di HTML5 sono offrire un maggiore supporto multimediale e anche rendere la codifica molto più facile da leggere e comprendere sia per le persone che per le macchine. La codifica HTML5 è chiara, semplice e descrittiva e, invece di dover scrivere enormi blocchi di codice complicato, puoi creare la stessa cosa usando blocchi più piccoli di codice semplice. HTML5 rende anche il posizionamento di contenuti audio e video un gioco da ragazzi. Tratta quel contenuto come tratterebbe i tag immagine e questo rende le cose molto più facili per i programmatori perché consente loro di includere quegli elementi multimediali senza dover utilizzare un plug-in o un'API.

L'unico avvertimento con i nuovi tag `<audio>` e `<video>` è che supportano diversi formati di file, quindi dovrai includere diverse versioni del file multimediale che carichi.

4. **È più veloce e più adattabile all'utente**

Nel complesso, HTML5 potrebbe fornire un'esperienza utente molto migliore ai tuoi utenti. Con CSS3 i programmatori possono aggiungere elementi di stile più impressionanti a una pagina e fornisce anche il supporto per la geolocalizzazione: una pagina web può adattarsi a seconda della provenienza di un particolare utente e modificare il flusso di informazioni secondo le necessità.

Inoltre, HTML5 usa i dati dall'utente invece di utilizzare i cookie e ciò consente tempi di caricamento della pagina più rapidi ma ciò rappresenta anche un rischio per la sicurezza. HTML5 viene fornito con una serie di nuove API come Drag and Drop, Schermo intero, Media Capture che ne aumentano le capacità e migliorano l'esperienza dell'utente. Tuttavia, non tutte le API sono completamente compatibili con tutti i browser. IE, ad esempio, su cui molte aziende fanno ancora affidamento, non è compatibile con molte delle nuove API HTML5. Chrome, Firefox e Safari invece hanno pochissimi problemi di compatibilità.

Tutto sommato, HTML5 è davvero il passo successivo nell'evoluzione del Web. Se la tendenza attuale continua, si prevede che raggiungerà un utilizzo ottimale entro il 2022.

Capitolo 1: Caratteristiche

HTML5 non è un unico e grande contenitore; è una raccolta di caratteristiche individuali. Quindi, non puoi rilevare il "supporto HTML5", perché non ha alcun senso ma puoi rilevare il supporto per singole funzionalità, come canvas, video o geolocalizzazione. Quando il browser esegue il rendering di una pagina Web, costruisce un DOM (Document Object Model) cioè una raccolta di oggetti che rappresentano gli elementi HTML nella pagina. Ogni elemento, ogni `<p>`, ogni `<div>`, ogni `<span>` - è rappresentato nel DOM da un oggetto diverso.

Tutti gli oggetti DOM condividono un insieme di proprietà comuni ma alcuni oggetti ne hanno più di altri. Nei browser che supportano le funzionalità HTML5, alcuni oggetti avranno proprietà uniche. Una rapida occhiata al DOM ti dirà quali funzionalità sono supportate.

Video

HTML5 definisce un nuovo elemento chiamato `<video>` per incorporare dei video multimediali nelle tue pagine web. Incorporare video era impossibile senza plug-in di terze parti come Apple QuickTime o Adobe Flash. L'elemento `<video>` è progettato per essere utilizzabile senza script di rilevamento.

Puoi specificare più file video e i browser che supportano il video HTML5 ne sceglieranno uno in base ai formati video che supportano. I browser che non supportano il video HTML5 ignoreranno completamente l'elemento `<video>` ma puoi usarlo a tuo vantaggio e chiedere loro di riprodurre il video tramite un plug-in di terze parti.

Kroc Camen ha progettato una soluzione chiamata "Video for Everybody!" che utilizza video HTML5 ove disponibile, ma ricorre a QuickTime o Flash nei browser meno recenti. Questa soluzione non utilizza alcun JavaScript e funziona praticamente in tutti i browser, inclusi i browser mobile.

Se vuoi usare in modo avanzato il tuo video piuttosto che caricarlo sulla tua pagina e riprodurlo, dovrai utilizzare JavaScript. Se il tuo browser supporta video HTML5, l'oggetto DOM che crea per rappresentare un elemento `<video>` avrà un metodo `canPlayType()`. Se il tuo browser non supporta il video HTML5, l'oggetto DOM che crea per un elemento `<video>` avrà solo il set di proprietà comuni a tutti gli elementi.

Puoi controllare il supporto video usando questa funzione JavaScript:

```
function supporta_video() {
 return
!!document.createElement('video').canPla
yType;
}
```

I formati video sono come lingue scritte. Un giornale inglese può trasmettere le stesse informazioni di un giornale spagnolo ma se puoi leggere solo l'inglese, solo uno di essi ti sarà utile! Per riprodurre un video, il tuo browser deve comprendere la "lingua" in cui è stato scritto il video.

La "lingua" di un video è chiamata "codec": è l'algoritmo utilizzato per codificare il video in un flusso di bit. Ci sono dozzine di codec in uso in tutto il mondo quindi quale dovresti usare? La sfortunata realtà del video HTML5 è che i browser non possono concordare su un singolo codec. Tuttavia, sembrano aver ridotto la scelta a due codec.

Un codec è a pagamento (a causa della licenza di brevetto) ma funziona in Safari e su iPhone, l'altro codec è gratuito e funziona in browser open source come Chromium e Mozilla Firefox.

Local Storage

L'archiviazione HTML5 offre ai siti Web un modo per archiviare le informazioni sul computer e recuperarle in un secondo momento. Il concetto è simile ai cookie ma è progettato per maggiori quantità di informazioni.

I cookie sono di dimensioni limitate e il tuo browser li rinvia al server web ogni volta che richiede una nuova pagina (il che richiede tempo extra e consumo di banda preziosa).

La local storage HTML5 rimane sul tuo computer e i siti web possono accedervi con JavaScript anche dopo il caricamento della pagina. Se il browser supporta l'archiviazione HTML5, sarà presente una proprietà `localStorage` sull'oggetto `window` globale. Se il tuo browser non supporta l'archiviazione

HTML5, la proprietà `localStorage` non sarà definita.

È possibile verificare il supporto dell'archiviazione locale utilizzando questa funzione:

```
function supporta_local_storage() {
  return ('localStorage' in window) &&
window['localStorage'] !== null;
}
```

La local storage fa davvero parte di HTML5? Perché è in una specifica separata?

La risposta breve è sì, fa parte di HTML5. La risposta leggermente più lunga è che local storage faceva parte della specifica HTML5 principale ma è stata suddivisa in una specifica separata perché alcune persone nel gruppo di lavoro HTML5 si sono lamentate del fatto che HTML5 fosse troppo grande. È stato un po' come tagliare una torta in più pezzi per ridurre il numero totale di calorie...

benvenuto nel bizzarro mondo degli standard.

Quanto è sicuro il mio storage database HTML5? Qualcuno può leggerlo? Chiunque abbia accesso fisico al tuo computer può probabilmente guardare (o persino modificare) il tuo storage database HTML5. All'interno del tuo browser, qualsiasi sito web può leggere e modificare i propri valori ma i siti non possono accedere ai valori memorizzati da altri siti. Questa è chiamata restrizione della stessa origine (same origin).

Web worker

I web worker forniscono ai browser un modo standard per eseguire JavaScript in background. Con i web worker, puoi generare più "thread" che vengono eseguiti tutti contemporaneamente, più o meno. Pensa a come il tuo computer può eseguire più applicazioni contemporaneamente, il concetto è molto simile.

Questi "thread in background" possono eseguire calcoli matematici complessi, richieste di rete o accedere alla memoria locale mentre la pagina web principale risponde all'utente che scorre, fa clic o digita.

Se il browser supporta l'API Web Worker, sarà presente una proprietà `worker` sull'oggetto `window` globale. Se il tuo browser non supporta l'API Web Worker, la proprietà non sarà definita.

Questa funzione controlla il supporto del web worker:

```
function supporta_web_workers() {
 return !!window.Worker;
}
```

Applicazioni offline

Leggere pagine Web statiche offline è facile: ti connetti a Internet, carichi una pagina Web, ti disconnetti da Internet, raggiungi una zona isolata e puoi leggere la pagina Web a proprio piacimento. Ma che dire dell'utilizzo di applicazioni web come Gmail o Google Documenti quando sei offline?

Grazie a HTML5, chiunque (non solo Google!) può creare un'applicazione web che funzioni offline. Le applicazioni Web offline iniziano come applicazioni Web online e la prima volta che visiti un sito web abilitato offline, il server web dice al tuo browser di quali file ha bisogno per funzionare offline.

Questi file possono essere qualsiasi cosa: HTML, JavaScript, immagini e persino video. Una volta che il browser ha scaricato tutti i file necessari, puoi visitare nuovamente il sito web anche se non sei connesso a Internet. Il tuo browser noterà che sei offline e utilizza i file che ha già scaricato.

Quando torni online, tutte le modifiche che hai apportato possono essere caricate sul server web remoto. Se il browser supporta le applicazioni Web offline, sarà presente una proprietà `applicationCache` sull'oggetto `window` globale. Se il tuo browser non supporta le applicazioni web offline, la proprietà `applicationCache` non sarà definita.

Puoi verificare il supporto offline con la seguente funzione:

```
function supporta_offline() {
 return !!window.applicationCache;
}
```

Geolocalizzazione

La geolocalizzazione è l'arte di capire dove ti trovi nel mondo e (facoltativamente) condividere tali informazioni con persone di cui ti fidi. Ci sono molti modi per capire dove ti trovi: il tuo indirizzo IP, la tua connessione di rete wireless, a quale torre è agganciato il tuo telefono o hardware GPS dedicato che riceve informazioni di latitudine e longitudine dai satelliti nel cielo.

La geolocalizzazione fa parte di HTML5? Il supporto per la geolocalizzazione viene aggiunto ai browser in questo momento, insieme al supporto per le nuove funzionalità HTML5. A rigor di termini, la geolocalizzazione viene standardizzata dal gruppo di lavoro sulla geolocalizzazione, che è separato dal gruppo di lavoro HTML5 ma in questo libro parlerò comunque della geolocalizzazione, perché fa parte dell'evoluzione del Web che sta avvenendo ora.

Se il tuo browser supporta l'API di geolocalizzazione, ci sarà una proprietà di geolocalizzazione sull'oggetto navigatore globale. Se il tuo browser non supporta l'API di geolocalizzazione, la proprietà di `geolocation` non sarà definita. Ecco come verificare il supporto per la geolocalizzazione:

```
function supporta_geolocation() {
 return !!navigator.geolocation;
}
```

Tipo di input

Hai già usato i form web, giusto? Crea un `<form>`, aggiungi alcuni elementi `<input type = "text">` e forse un `<input type = "password">` e terminalo con un pulsante `<input type = "submit">`.

Non ne conosci la metà di quelli disponibili. HTML5 definisce oltre una dozzina di nuovi tipi di input che puoi utilizzare nei tuoi form. Vediamo a cosa servono:

`<input type="search">`	per le caselle di ricerca
`<input type="number">`	per inserire solo numeri
`<input type="range">`	per gli slider
`<input type="color">`	per selezionare un colore
`<input type="tel">`	per i numeri di telefono
`<input type="url">`	per gli indirizzi Web
`<input`	per le e-mail

`type="email">`	
`<input type="date">`	per scegliere una data
`<input type="month">`	per scegliere un mese
`<input type="week">`	per scegliere una settimana
`<input type="time">`	per un timestamp
`<input type="datetime">`	per date / timestamp precisi e assoluti
`<input type="datetime-local">`	per data e ora locali

Microdata

I microdati sono un modo standardizzato per fornire semantica aggiuntiva nelle tue pagine web. Ad esempio, puoi utilizzare i microdati per dichiarare che una fotografia è disponibile con una specifica licenza Creative Commons. Come vedrai in seguito, puoi anche utilizzare i microdati per contrassegnare una pagina "Informazioni su di me".

I browser, le estensioni del browser e i motori di ricerca possono convertire il markup dei microdati HTML5 in un file vCard, un formato standard per la condivisione delle informazioni di contatto, inoltre, puoi anche definire i tuoi vocabolari dei microdati.

Lo standard dei microdati HTML5 include sia il markup HTML (principalmente per i motori di ricerca) che una serie di funzioni DOM (principalmente per i browser). Non c'è nulla di male nell'includere il markup dei microdati nelle tue pagine web; non sono altro che pochi attributi ben posizionati, i motori di ricerca che non comprendono gli attributi dei microdati semplicemente li ignoreranno.

Tuttavia, se devi accedere o manipolare i microdati tramite il DOM, dovrai verificare se il browser supporta l'API DOM dei microdati. Se il tuo browser supporta l'API dei microdati HTML5, ci sarà una funzione `getItems()` sull'oggetto `document` globale. Se il tuo browser non supporta i microdati, la funzione `getItems()` non sarà definita. Puoi verificare il supporto come segue:

```
function supporta_microdata_api() {
 return !!document.getItems;
}
```

Capitolo 2: Video e HTML

Chiunque abbia visitato YouTube negli ultimi anni sa che puoi incorporare video in una tua pagina web. Prima di HTML5, non esisteva un modo basato su uno standard per far ciò. Praticamente tutti i video che hai visto "sul Web" sono stati incanalati attraverso un plug-in di terze parti, forse QuickTime, forse RealPlayer, forse Flash. Questi plug-in si integrano con il tuo browser molto bene tanto da non renderti nemmeno conto che li stai utilizzando, finché non provi a guardare un video su una piattaforma che non supporta tale plug-in.

HTML5 definisce un modo standard per incorporare video in una pagina web, utilizzando un elemento `<video>`. Il supporto per l'elemento `<video>` è ancora in evoluzione. Ma non disperare! Ci sono alternative, fallback e opzioni in abbondanza.

Il supporto per l'elemento `<video>` stesso è in realtà solo una piccola parte della storia. Prima di poter parlare del video HTML5, devi prima capire un po' dei video stessi.

Potresti pensare ai file video come "file AVI" o "file MP4". In realtà, "AVI" e "MP4" sono solo formati contenitore. Proprio come un file ZIP può contenere qualsiasi tipo di file al suo interno, i formati dei contenitori video definiscono solo come memorizzare le cose al loro interno, non il tipo di dati archiviati.

Un file video di solito contiene più tracce: una traccia video (senza audio), oltre a una o più tracce audio (senza video). Le tracce sono generalmente correlate.

Una traccia audio contiene dei marcatori al suo interno per aiutare a sincronizzare l'audio con il video. Le singole tracce possono avere metadati, come le proporzioni di una traccia video o la lingua di una traccia audio. I contenitori possono anche contenere metadati, come il titolo del video stesso, la copertina del video, i numeri degli episodi (per i programmi televisivi) e così via.

Esistono molti formati di contenitori video. Alcuni dei più popolari includono:

- MPEG-4: Solitamente con estensione `.mp4` o `.m4v`. Il contenitore MPEG-4 è basato sul vecchio contenitore QuickTime di Apple (`.mov`).
- Flash Video: Di solito con estensione `.flv`. Flash Video è, ovviamente, utilizzato da Adobe Flash. Prima di Flash 9.0.60.184 questo era l'unico formato contenitore supportato da Flash. Le versioni più recenti di Flash

supportano anche il contenitore MPEG-4.

- Ogg: Solitamente con estensione `.ogv`. Ogg è uno standard che è compatibile con l'open source e non è ostacolato da alcun brevetto noto. Firefox, Chrome e Opera offrono un supporto nativo, senza plug-in specifici della piattaforma per il formato contenitore Ogg, video Ogg (chiamato "Theora") e audio Ogg (chiamato "Vorbis"). Sui sistemi desktop, Ogg è supportato da tutte le principali distribuzioni Linux e puoi usarlo su Mac e Windows installando rispettivamente i componenti QuickTime oi filtri DirectShow. È anche usabile con l'eccellente VLC su tutte le piattaforme.
- WebM: Con estensione `.webm`. WebM è un nuovo formato contenitore

tecnicamente molto simile a un altro formato chiamato Matroska. WebM è stato annunciato al Google I/O 2010. È progettato per essere utilizzato esclusivamente con il codec video VP8 e il codec audio Vorbis. È supportato in modo nativo, senza plug-in specifici della piattaforma in Google Chrome, Mozilla Firefox e Opera.

- Audio Video Interleave: Solitamente con estensione `.avi`. Il formato contenitore AVI è stato inventato da Microsoft molto tempo fa, quando il fatto che i computer potessero riprodurre video era considerato piuttosto sorprendente. Non supporta ufficialmente molte delle funzionalità dei formati contenitore più recenti e non supporta ufficialmente alcun tipo di metadata video. Non supporta nemmeno la maggior parte dei moderni codec video e audio in uso oggi. Nel tempo, varie aziende hanno cercato di estenderlo in modi generalmente incompatibili per bypassare alcuni difetti ma si tratta di un formato in disuso.

Codec video

Quando parli di "guardare un video", probabilmente stai parlando di una combinazione di uno stream video e uno stream audio. Ma non hai due file diversi; hai solo "il video". Forse è un file AVI o un file MP4 che, come descritto nella sezione precedente, sono solo formati contenitore, come un file ZIP che contiene più tipi di file al suo interno.

Il formato contenitore definisce come memorizzare i flussi video e audio in un singolo file. Quando "guardi un video", il tuo lettore video esegue diverse operazioni contemporaneamente:

- Interpretazione del formato contenitore per scoprire quali tracce video e audio sono disponibili e come sono memorizzate nel file in modo che possa trovare i dati che devono essere decodificati in seguito

- Decodificare il flusso video e visualizzare una serie di immagini sullo schermo
- Decodificare il flusso audio e inviare il suono agli altoparlanti

Un codec video è un algoritmo mediante il quale viene codificato un flusso video. Il lettore video decodifica il flusso video in base al codec video quindi visualizza una serie di immagini, o "frame", sullo schermo. La maggior parte dei codec video moderni utilizza tutti i tipi di trucchi per ridurre al minimo la quantità di informazioni necessarie per visualizzare un fotogramma dopo il successivo.

Ad esempio, invece di memorizzare ogni singolo fotogramma (come screenshot), memorizzano solo le differenze tra i fotogrammi. La maggior parte dei video in realtà non cambia molto da un fotogramma all'altro, quindi questo consente tassi di compressione elevati, che si traducono in file di dimensioni inferiori.

Esistono codec video lossy e lossless. Il video senza perdita di dati (lossless) è troppo grande per essere utile sul Web, quindi vediamo i codec con perdita di dati (lossy). Con un codec video con perdita di dati, le informazioni vengono irrimediabilmente perse durante la codifica.

Come quando si copiava una cassetta audio, ogni volta che si codifica si perdono le informazioni sul video sorgente e la qualità viene degradata. Invece del "sibilo" di una cassetta audio, un video ricodificato può apparire a blocchi, specialmente durante le scene con molto movimento.

Il lato positivo è che i codec video lossy possono offrire incredibili tassi di compressione e molti offrono trucchi per smussare quel blocco durante la riproduzione e rendere la perdita meno evidente all'occhio umano. Ci sono tantissimi codec video ma i tre codec più rilevanti sono H.264, Theora e VP8.

Codec audio

A meno che tu non ti limiti a film realizzati prima del 1927 o giù di lì, vorrai una traccia audio nel tuo video. Come i codec video, i codec audio sono algoritmi di codifica, in questo caso utilizzati per i flussi audio. Come con i codec video, esistono codec audio lossy e lossless. E come i video lossless, l'audio lossless è davvero troppo grande per essere messo sul Web, quindi esaminiamo i codec audio lossy.

In realtà, possiamo restringere ulteriormente il focus, perché ci sono diverse categorie di codec audio con perdita. L'audio viene utilizzato in diversi campi (telefonia, ad esempio) ed esiste un'intera categoria di codec audio ottimizzati per la codifica del parlato. Non copieresti un CD musicale con questi codec, perché il risultato sarebbe simile ad come un bambino di quattro anni che canta in vivavoce, li useresti in un PBX Asterisk, perché la larghezza di banda è preziosa e questi codec possono comprimere il linguaggio umano in una frazione delle dimensioni dei codec generici.

Tuttavia, a causa della mancanza di supporto sia nei browser nativi che nei plug-in di terze parti, i codec audio ottimizzati per il parlato non sono mai realmente decollati sul Web. Quindi mi concentrerò sui codec audio lossy generici.

Come accennato in precedenza, quando "guardi un video", il tuo computer esegue diverse operazioni contemporaneamente:

1. Interpretazione del formato contenitore
2. Decodifica del flusso video

3. Decodifica del flusso audio e invio del suono agli altoparlanti

Il codec audio specifica come eseguire il terzo step: decodificare il flusso audio e trasformarlo in forme d'onda digitali che gli altoparlanti poi trasformano in suono.

Come con i codec video, ci sono alcuni trucchi per ridurre al minimo la quantità di informazioni memorizzate nel flusso audio. E poiché stiamo parlando di codec audio con perdita di dati, le informazioni vengono perse durante la registrazione → codifica → decodifica → ciclo di vita dell'ascolto.

I codec audio diversi buttano via cose diverse, ma hanno tutti lo stesso scopo: indurre le tue orecchie a non notare le parti mancanti. Un concetto presente per l'audio ma che il video non ha, sono i canali. Stiamo inviando il suono ai tuoi altoparlanti, giusto?

Bene, quanti altoparlanti hai? Se sei seduto al computer, potresti averne solo due: uno a sinistra e uno a destra.

Il mio desktop ne ha tre: sinistra, destra e un altro sul pavimento. I cosiddetti sistemi "surround" possono avere sei o più altoparlanti, posizionati strategicamente nella stanza, in tal caso, ogni altoparlante riceve un particolare canale della registrazione originale.

La teoria è che puoi sederti al centro dei sei altoparlanti, letteralmente circondato da sei canali di suono separati e il tuo cervello li sintetizza e ti fa sentire come se fossi nel mezzo dell'azione. Funziona? Un'industria multimiliardaria sembra pensarla così. La maggior parte dei codec audio generici può gestire due canali audio.

Durante la registrazione, il suono viene suddiviso in canali sinistro e destro; durante la codifica, entrambi i canali vengono memorizzati nello stesso flusso audio e durante la decodifica, entrambi i canali vengono decodificati e ciascuno viene inviato all'altoparlante appropriato. Alcuni codec audio possono gestire più di due canali e tengono traccia dei canali in modo che il lettore possa ricevere il suono giusto all'altoparlante corretto.

Ci sono molti codec audio, ma sul Web ce ne sono solo tre che devi conoscere: MP3, AAC e Vorbis.

Tag e HTML

Allora dov'è il markup? HTML5 ti offre due modi per includere video nella tua pagina web ed entrambi coinvolgono l'elemento `<video>`. Se hai solo un file video, puoi semplicemente collegarlo ad esso in un attributo `src`.

Ciò è notevolmente simile all'inclusione di un'immagine con un tag `<img src = "...">`.

```
<video src = "file.webm"></video>
```

Tecnicamente, è tutto ciò di cui hai bisogno. Ma proprio come in un tag `<img>`, dovresti sempre includere gli attributi `width` e `height` nei tag `<video>`. Tali attributi possono essere specificati durante il processo di codifica:

```
<video src = "file.webm" width = "320"
height = "240"></video>
```

Non preoccuparti se una dimensione del video è un po' più piccola di quella specificata. Il tuo browser centrerà il video all'interno della casella definita dal tag `<video>`. Non sarà mai stirato o sproporzionato.

Per impostazione predefinita, l'elemento `<video>` non esporrà alcun tipo di controllo del lettore. Puoi creare i tuoi controlli con semplici HTML, CSS e JavaScript. L'elemento `<video>` ha metodi integrati come `play()` e `pause()` e una proprietà di lettura / scrittura chiamata `current Time`. Sono inoltre disponibili le proprietà `volume` e `muted` quindi hai davvero tutto ciò di cui hai bisogno per costruire la tua interfaccia.

Se non desideri creare la tua interfaccia, puoi dire al browser di visualizzare un insieme di controlli integrati. Per fare ciò, includi l'attributo `controls` nel tag `<video>`:

```
<video src = "file.webm" width = "320"
height = "240" controls> </video>
```

Ci sono altri due attributi facoltativi che desidero menzionare: `preload` e `autoplay`. L'attributo `preload` dice al browser che desideri che inizi a scaricare il file video non appena la pagina viene caricata. Questo ha senso se l'unico scopo della pagina è visualizzare il video. D'altra parte, se si tratta solo di materiale supplementare che solo pochi visitatori guarderanno, puoi impostare il `preload` su `none` per dire al browser di ridurre al minimo il traffico di rete.

Ecco un esempio di un video che inizierà il download (ma non la riproduzione) non appena la pagina verrà caricata:

```
<video src = "file.webm" width = "320"
height = "240" preload> </video>
```

Ed ecco un esempio di un video che non inizierà il download non appena la pagina viene caricata:

```
<video src = "file.webm" width = "320"
height = "240" preload = "none">
</video>
```

L'attributo `autoplay` è auto-esplicativo: dice al browser che desideri iniziare a scaricare il file video non appena viene caricata la pagina e che desideri iniziare la riproduzione del video automaticamente il prima possibile. Alcune persone lo adorano; alcune persone lo odiano ma lasciami spiegare perché è importante avere un attributo come questo in HTML5.

Ecco un esempio di un video che inizierà a essere scaricato e riprodotto il prima possibile dopo il caricamento della pagina:

```
<video src = "file.webm" width = "320"
height = "240" autoplay> </video>
```

Capitolo 3:

Geolocalizzazione

La geolocalizzazione è l'arte di capire dove ti trovi nel mondo e in modo facoltativo condividere tali informazioni con persone di cui ti fidi.

La geolocalizzazione sembra spaventosa, è possibile disattivarla? La privacy è un tema molto importante quando si tratta di condividere la tua posizione fisica con un server web remoto. L'API di geolocalizzazione afferma esplicitamente: "Gli user-agent non devono inviare informazioni sulla posizione ai siti Web senza l'espresso consenso dell'utente". In altre parole, se non desideri condividere la tua posizione, non è necessario.

L'API di geolocalizzazione ti consente di condividere la tua posizione con siti Web affidabili. La latitudine e la longitudine sono disponibili sulla pagina per JavaScript, che a sua volta può inviare tali informazioni al server web remoto e fare cose interessanti, riconoscono la posizione e possono trovare attività commerciali locali o mostrare la tua posizione su una mappa. L'API di geolocalizzazione è supportata in molti dei principali browser su desktop e dispositivi mobile. Inoltre, alcuni browser e dispositivi meno recenti possono essere supportati dalle librerie wrapper. Oltre al supporto per l'API di geolocalizzazione standard, ci sono una miriade di API specifiche per dispositivo su altre piattaforme mobile.

L'API di geolocalizzazione è incentrata su una nuova proprietà dell'oggetto globale `navigator`: `navigator.geolocation`. L'utilizzo più semplice dell'API di geolocalizzazione è simile a questo:

```
function geolocalizza() {
navigator.geolocation.getCurrentPosition
(mostra_mappa);
}
```

Come ho accennato all'inizio di questo capitolo, il supporto per la geolocalizzazione è opt-in, ciò significa che il tuo browser non ti costringerà mai a rivelare la tua posizione fisica attuale a un server remoto.

L'esperienza utente varia da browser a browser. In Mozilla Firefox, chiamando la funzione `getCurrentPosition()` dell'API `geolocation`, il browser visualizzerà una "barra delle informazioni" nella parte superiore della finestra del browser.

In qualità di utente finale, tu:

- sarai informato che un sito web vuole conoscere la tua posizione

- sarai informato su quale sito web vuole conoscere la tua posizione

- puoi fare clic sulla pagina di aiuto di Mozilla, che spiega cosa sta succedendo

- puoi scegliere di condividere la tua posizione

- puoi scegliere di non condividere la tua posizione

- puoi dire al tuo browser di ricordare la tua scelta (di condividere o non condividere) in modo da non vedere mai più questa barra delle informazioni su questo sito Web

Inoltre, questa barra delle informazioni è:

- non modale, quindi non ti impedirà di passare a un'altra finestra o scheda del browser

- specifica per scheda, quindi scomparirà se passi a un'altra finestra o scheda del browser e riapparirà quando torni alla scheda originale

- incondizionata, quindi non c'è un modo per aggirarla

- bloccante, quindi non c'è la possibilità che il sito web possa determinare la tua posizione mentre è in attesa della tua risposta

Callback

Hai appena visto il codice JavaScript che fa apparire questa barra delle informazioni. È una singola chiamata di funzione che accetta una funzione di callback (che ho chiamato `mostra_mappa()`). La chiamata a `getCurrentPosition()` restituirà il controllo al chiamante immediatamente, ma ciò non significa che tu abbia accesso alla posizione dell'utente. La prima volta che hai la certezza di avere le informazioni sulla posizione è nella funzione di callback, che nel mio caso ha questo aspetto:

```
function mostra_mappa(position) {
 var latitudine =
position.coords.latitude;
 var longitudine =
position.coords.longitude;
 // usa questi dati in modo interessante
}
```

La funzione di callback verrà chiamata con un unico parametro, un oggetto con due proprietà: `coords` e `timestamp`. Il timestamp è proprio questo, la data e l'ora in cui è stata calcolata la posizione. Poiché tutto questo avviene in modo asincrono, non puoi sapere in anticipo quando accadrà. Potrebbe essere necessario del tempo prima che l'utente legga la barra delle informazioni e accetti di condividere la sua posizione, i dispositivi potrebbero richiedere del tempo per connettersi a un satellite GPS ecc.

L'oggetto `coords` ha proprietà come `latitude` e `longitude` che rappresentano la posizione fisica dell'utente nel mondo.

Errori

La geolocalizzazione è complicata, tante cose possono andare storte. Se la tua applicazione web ha bisogno della posizione dell'utente ma l'utente non vuole fornirla, cosa fare? L'utente vince sempre. Ma come appare nel codice?

Il secondo argomento della funzione `getCurrentPosition()` accetta una funzione di callback per la gestione degli errori:

```
navigator.geolocation.getCurrentPosition
(mostra_mappa, gestisci_errore)
```

Se qualcosa va storto, la tua funzione di callback di errore verrà chiamata con un oggetto `PositionError`, composto da `code` e `message`. La proprietà `code` sarà una delle seguenti:

- `PERMISSION_DENIED` (1) se l'utente fa clic sul pulsante "Non condividere" o ti nega in altro modo l'accesso alla sua posizione.

- `POSITION_UNAVAILABLE` (2) se la rete è inattiva o non è possibile contattare i satelliti di posizionamento.

- `TIMEOUT` (3) se la rete è attiva ma impiega troppo tempo per calcolare la posizione dell'utente.

- `UNKNOWN_ERROR` (0) se qualcos'altro va storto.

Alta precisione

Alcuni dispositivi mobile, come iPhone e telefoni Android, supportano due metodi per capire dove ti trovi. Il primo metodo triangola la tua posizione in base alla tua vicinanza a diverse torri cellulari gestite dal tuo operatore telefonico. Questo metodo è veloce e non richiede alcun hardware GPS dedicato ma ti dà solo un'idea approssimativa di dove ti trovi. A seconda di quante torri cellulari ci sono nella tua zona, questa "idea approssimativa" potrebbe essere precisa fino a un solo isolato o fino a un chilometro in ogni direzione.

Il secondo metodo utilizza effettivamente hardware GPS dedicato sul dispositivo per parlare con satelliti di posizionamento GPS dedicati e in orbita attorno alla Terra.

Solitamente il GPS può localizzare la tua posizione con un errore di pochi metri. Lo svantaggio è che il chip GPS dedicato sul tuo dispositivo assorbe molta energia, quindi i telefoni e altri dispositivi mobili generici di solito disattivano questa funzione finché non è necessaria.

Ciò significa che ci sarà un ritardo nell'avvio fino a quando il chip inizializza la sua connessione con i satelliti GPS nel cielo. Se hai mai utilizzato Google Maps su un iPhone o un altro smartphone, hai visto entrambi i metodi all'opera. Prima vedi un cerchio che approssima la tua posizione (trovando la torre cellulare più vicina), poi un cerchio più piccolo (triangolando con altre torri cellulari), quindi un singolo punto con una posizione esatta (data dai satelliti GPS).

Il motivo per cui lo menziono è che, a seconda dell'applicazione Web, potrebbe non essere necessaria un'elevata precisione.

La funzione `getCurrentPosition()` accetta un terzo argomento opzionale, un oggetto `PositionOptions`. Sono disponibili diverse proprietà che è possibile impostare in questo oggetto e sono tutte opzionali; puoi impostarne una, tutte o nessuna. La proprietà `enableHighAccuracy`, se impostata su `true`, il dispositivo può supportarlo e l'utente acconsente a condividere la sua posizione esatta, consentirà al dispositivo di fornire alta precisione.

La proprietà `timeout`, invece, specifica il numero di millisecondi che la tua applicazione web è disposta ad attendere per ottenere la posizione. Questo timer non inizia il conto alla rovescia fino a quando l'utente non dà il permesso di provare a calcolare la sua posizione. Non stai cronometrando l'utente; stai cronometrando la rete.

Capitolo 4: Local storage

L'archiviazione locale persistente (local storage) è una delle aree in cui le applicazioni client native hanno tradizionalmente mantenuto un vantaggio rispetto alle applicazioni web. Per le applicazioni native, il sistema operativo fornisce in genere un livello di astrazione per archiviare e recuperare dati specifici dell'applicazione come le preferenze o lo stato di runtime.

Questi valori possono essere memorizzati nel registro, nei file INI, nei file XML o in qualche altro posto, in base alla convenzione della piattaforma. Se l'applicazione client nativa necessita di archiviazione locale oltre le coppie chiave / valore, è possibile incorporare il proprio database, inventare un proprio formato di file o implementare un numero qualsiasi di altre soluzioni.

Storicamente, le applicazioni web non hanno mai avuto nessuno di questi privilegi. I cookie sono stati inventati all'inizio del Web e in effetti possono essere utilizzati per l'archiviazione locale persistente di piccole quantità di dati. Ma hanno molti aspetti negativi potenzialmente dannosi:

- sono inclusi in ogni richiesta HTTP, rallentando così la tua applicazione web trasmettendo inutilmente gli stessi dati più e più volte.
- sono inclusi in ogni richiesta HTTP, inviando così dati non crittografati su Internet (a meno che l'intera applicazione web non sia servita su SSL).

- sono limitati a circa 4 KB di dati, sufficienti per rallentare l'applicazione, ma non sufficienti per essere utili.

Quello che vogliamo veramente è:

- tanto spazio di archiviazione sul client
- che persista nonostante un aggiornamento della pagina
- non venga trasmesso al server.

Ci sono stati diversi tentativi per raggiungere questo obiettivo, tutti alla fine insoddisfacenti in modi diversi. Quello che io chiamo "HTML5 Storage" è in realtà una specifica chiamata Web Storage. Un tempo faceva parte della specifica HTML5 vera e propria, ma è stata suddivisa in una specifica propria per motivi politici poco interessanti. Alcuni fornitori di browser lo chiamano anche "Archiviazione locale" o "Archiviazione DOM".

Allora, cos'è lo storage HTML5? In poche parole, è un modo per le pagine web di memorizzare le coppie chiave / valore denominate localmente, all'interno del browser web del client.

Come i dati memorizzati nei cookie, questi dati restano disponibili anche dopo aver chiuso la scheda del browser, essere uscito dal browser o altro. Ma a differenza dei cookie, questi dati non vengono mai trasmessi al server web remoto (a meno che tu non faccia di tutto per inviarli manualmente).

A differenza di tutti i precedenti tentativi di fornire archiviazione locale persistente, è implementato in modo nativo nei browser Web. HTML5 è supportato dalle ultime versioni di quasi tutti i browser... anche Internet Explorer! Dal tuo codice JavaScript, accederai allo storage HTML5 tramite

l'oggetto `localStorage` **nell'oggetto globale**
`window`.

Come usarlo

Prima di poterlo utilizzare, è necessario rilevare se il browser lo supporta:

```
function supporta_html5_storage() {
  return ('localStorage' in window) &&
window['localStorage'] !== null;
}
```

L'archiviazione HTML5 si basa su coppie chiave / valore denominate. Memorizza i dati in base a una chiave denominata, quindi puoi recuperarli con la stessa chiave:

```
interface Storage {
  getter any getItem(in DOMString key);
  setter creator void setItem(in
DOMString key, in any data);
};
```

I dati possono essere di qualsiasi tipo supportato da JavaScript, incluse stringhe, booleani, interi o float, tuttavia, i dati vengono effettivamente memorizzati come stringa. Se stai archiviando e recuperando qualcosa di diverso da stringhe, dovrai usare funzioni come `parseInt()` o `parseFloat()` per forzare i dati recuperati nel tipo di dati JavaScript previsto.

La chiamata a `setItem()` con una chiave già esistente sovrascriverà il valore precedente senza alcun avviso. La chiamata a `getItem()` con una chiave inesistente restituirà `null` anziché generare un'eccezione.

Come altri oggetti JavaScript, puoi trattare l'oggetto `localStorage` come un array associativo. Invece di usare i metodi `getItem()` e `setItem()`, puoi semplicemente usare le parentesi quadre. Ad esempio, questo snippet di codice:

```
var test =
localStorage.getItem("prova");
// ...
localStorage.setItem("prova", test);
```

```
// equivale a...

var test = localStorage["prova"];
// ...
localStorage["prova"] = test;
```

Esistono anche metodi per rimuovere il valore per una determinata chiave e cancellare l'intera area di archiviazione (ovvero, eliminare tutte le chiavi e i valori contemporaneamente):

```
interface Storage {
 deleter void removeItem(in DOMString
key);
 void clear();
};
```

Chiamare removeItem() con una chiave inesistente non farà nulla. Infine, c'è una proprietà per ottenere il numero totale di valori nell'area di archiviazione e per iterare tutte le chiavi per indice (per ottenere il nome di ciascuna chiave):

```
interface Storage {
 readonly attribute unsigned long
length;
 getter DOMString key(in unsigned long
index);
};
```

Limiti

Tuttavia, anche questo meccanismo non è esente da problemi. Per impostazione predefinita, ogni sito di origine riceve 5 MB come spazio di archiviazione. Questo aspetto è sorprendentemente coerente tra i browser, sebbene sia solo un suggerimento nelle specifiche di archiviazione HTML5.

Una cosa da tenere a mente è che stai archiviando stringhe e non dati nel loro formato originale. Se stai memorizzando molti numeri interi o float, la differenza nella rappresentazione può davvero essere importante: ogni cifra in un float viene memorizzata come un carattere e non nella normale rappresentazione di un numero in virgola mobile.

Se superi la quota di archiviazione, verrà generata un'eccezione di tipo `QUOTA_EXCEEDED_ERR`. Ti starai chiedendo: "Posso chiedere all'utente più spazio di archiviazione?" Al momento, nessun browser supporta alcun meccanismo per consentire agli sviluppatori web di richiedere più spazio di archiviazione. Alcuni browser, come Opera, consentono all'utente di controllare la quota di archiviazione di ogni sito ma è un'azione avviata dall'utente, non qualcosa che tu come sviluppatore web puoi incorporare nella tua applicazione.

Capitolo 5: Applicazioni offline

Cos'è un'applicazione web offline? A prima vista, sembra una contraddizione di termini. Le pagine Web sono pagine che scarichi e visualizzi e il download implica una connessione di rete. Come puoi scaricare una pagina se sei offline?

Certo che non puoi ma puoi scaricarla quando sei online ed è così che funzionano le applicazioni offline HTML5. Nella sua forma più semplice, un'applicazione web offline è solo un elenco di URL che puntano a file HTML, CSS o JavaScript, immagini o qualsiasi altro tipo di risorsa che potrebbe essere presente. La home page dell'applicazione web offline punta a questo elenco, chiamato file manifest, che è solo un file di testo situato altrove sul server web.

Un browser Web che implementa le applicazioni offline HTML5 leggerà l'elenco degli URL dal file manifest, scaricherà le risorse, le memorizzerà nella cache locale e manterrà automaticamente aggiornate le copie locali man mano che cambiano. Quando si tenta di accedere all'applicazione Web senza una connessione di rete, il browser Web passerà automaticamente all'uso delle copie locali. Da quel momento in poi, la maggior parte del lavoro dipende da te, come sviluppatore web.

C'è un flag nel DOM che ti dirà se sei online o offline e ci sono eventi che si attivano quando il tuo stato cambia (perché un minuto potresti essere offline e il minuto successivo online, o viceversa).

Se la tua applicazione crea dati o salva lo stato, spetta a te memorizzare i dati in locale quando sei offline e sincronizzarli con il server remoto una volta ritornato online. In altre parole, HTML5 può portare offline la tua applicazione web ma ciò che fai una volta che sei lì dipende da te.

Cache

Un'applicazione Web offline ruota attorno a
un file manifest della cache. Come ho già
detto, questo file è un elenco di tutte le
risorse a cui la tua applicazione web
potrebbe aver bisogno di accedere quando è
disconnessa dalla rete. Per avviare il
processo di download e memorizzazione
nella cache di queste risorse, devi puntare al
file manifest, utilizzando l'attributo manifest
sul tuo elemento `<html>`:

```
<!DOCTYPE HTML>
<html manifest="/cache.manifest">
<body>
...
</body>
</html>
```

Il file manifest della cache può essere
posizionato ovunque sul server Web, ma
deve essere servito con il tipo di contenuto

`text/cache-manifest`. Se stai utilizzando un server web basato su Apache, probabilmente puoi semplicemente inserire una direttiva `AddType` nel file `.htaccess` nella tua directory web principale:

```
AddType text/cache-manifest .manifest
```

Quindi assicurati che il nome del file manifest della cache termini con `.manifest`. Se utilizzi un server web diverso o una configurazione diversa di Apache, consulta la documentazione del tuo server sul controllo dell'intestazione `Content-Type`.

OK, quindi ognuna delle tue pagine HTML punta al file manifest della cache e il file manifest della cache viene servito con l'intestazione `Content-Type` appropriata.

Ma cosa c'è nel file manifest? È qui che le cose si fanno interessanti. La prima riga di ogni file manifest della cache è questa:

CACHE MANIFEST

Dopodiché, tutti i file manifest sono divisi in tre parti: la sezione "esplicita", la sezione "fallback" e la "whitelist online". Ogni sezione ha un'intestazione, su una propria riga. Se il file manifest non ha intestazioni relative alla sezione, tutte le risorse elencate sono implicitamente nella sezione "esplicita".

Cerca di non soffermarti sulla terminologia, ecco un file manifest valido che elenca tre risorse: un file CSS, un file JavaScript e un'immagine JPEG:

CACHE MANIFEST

/orologio.css

/orologio.js

/orologio-img.jpg

Questo file manifest della cache non ha intestazioni di sezione, quindi tutte le risorse elencate sono nella sezione "esplicita" per impostazione predefinita. Le risorse nella sezione "esplicita" verranno scaricate e memorizzate nella cache locale e verranno utilizzate al posto delle loro controparti online ogni volta che ci si disconnette dalla rete.

Pertanto, al caricamento di questo file manifest della cache, il browser scaricherà `orologio.css`, `orologio.js` e `orologio-img.jpg` dalla directory principale del server web. È quindi possibile scollegare il cavo di rete, aggiornare la pagina e tutte queste risorse saranno disponibili offline.

Devo elencare le mie pagine HTML nel file manifest della cache? Sì e no. Se l'intera applicazione Web è contenuta in una singola pagina, assicurati che la pagina punti al manifest della cache utilizzando l'attributo appropriato. Quando si accede a una pagina HTML con un attributo manifest, si presume che la pagina stessa faccia parte dell'applicazione web, quindi non è necessario elencarla nel file manifest stesso.

Tuttavia, se la tua applicazione web occupa più pagine, dovresti elencare tutte le pagine HTML nel file manifest; altrimenti il browser non saprà che ci sono altre pagine HTML che devono essere scaricate e memorizzate nella cache.

Fallback

C'è un altro tipo di sezione in un file manifest della cache: una sezione di fallback. In questa sezione, puoi definire le sostituzioni per le risorse online che, per qualsiasi motivo, non possono essere memorizzate nella cache o non sono state memorizzate correttamente nella cache. La specifica HTML5 offre questo esempio di utilizzo di una sezione di fallback:

```
CACHE MANIFEST

FALLBACK:

/ /offline.html
```

Cosa fa questo codice? Innanzitutto, considera un sito che contiene milioni di pagine, come Wikipedia. Non potresti scaricare l'intero sito, né vorresti farlo ma supponiamo di poter rendere disponibile una parte di esso offline. Come decideresti quali pagine memorizzare nella cache?

Che ne dici di questo: ogni pagina che hai visitato su Wikipedia abilitata offline verrebbe scaricata e memorizzata nella cache. Ciò includerebbe ogni voce dell'enciclopedia che tu abbia mai visitato, ogni pagina di discussione e ogni pagina di modifica (dove puoi effettivamente apportare modifiche a quella particolare voce). Questo è ciò che fa questo file manifest della cache.

Supponiamo che ogni pagina HTML su Wikipedia (voce, pagina di discussione, pagina di modifica, pagina di cronologia) puntasse a questo file manifest della cache. Quando visiti una pagina che punta a un manifest della cache, il tuo browser dice: "Questa pagina fa parte di un'applicazione web offline, ne sono a conoscenza?".

Se il tuo browser non ha mai scaricato questo particolare file manifest della cache, configurerà una nuova cache, scaricherà tutte le risorse elencate nel manifest della cache, quindi aggiungerà la pagina corrente a alla cache appena creata. Se il tuo browser conosce questo manifest della cache, aggiungerà semplicemente la pagina corrente alla cache esistente.

In ogni caso, la pagina che hai appena visitato finisce nella cache ed è questo l'importante. Significa che puoi avere un'applicazione web offline che aggiunge "pigramente" le pagine mentre le visiti. Non è necessario elencare tutte le tue pagine HTML nel file manifest della cache. La sezione fallback in questo manifest della cache contiene solo una riga.

La prima parte della riga (prima dello spazio) non è un URL, è un pattern URL. Il singolo carattere (/) corrisponderà a qualsiasi pagina del tuo sito, non solo alla home page. Quando provi a visitare una pagina mentre sei offline, il tuo browser la cercherà nella cache.

Se il tuo browser trova la pagina nella cache (perché l'hai visitata mentre sei online e la pagina è stata implicitamente aggiunta in quel momento), visualizzerà la copia cache della pagina. Se il tuo browser non trova la pagina nella cache, invece di visualizzare un messaggio di errore, visualizzerà la pagina `/offline.html`, come specificato nella seconda metà della riga nella sezione di fallback.

Questo esempio è completo? No. Wikipedia non è composto solo da semplici file HTML; utilizza CSS, JavaScript e immagini comuni su ogni pagina. Ognuna di queste risorse dovrebbe essere elencata esplicitamente nella sezione CACHE: del file manifest affinché le pagine vengano visualizzate e si comportino correttamente offline. Ma l'obiettivo della sezione fallback è che puoi avere un'applicazione web offline che si estende oltre le risorse che hai elencato esplicitamente nel file manifest.

Capitolo 6: Tipi di input

HTML5 definisce oltre una dozzina di nuovi tipi di input che puoi utilizzare nei tuoi form. Tutte queste nuove ed entusiasmanti funzionalità potrebbero non essere supportate in tutti i browser ma nei browser moderni, non dovresti avere problemi. Nei browser legacy, i tuoi form continueranno a funzionare, ma potrebbero avere qualche problema.

Ora esamineremo in dettaglio le funzionalità dei nuovi controlli del form, che sono stati aggiunti in HTML5 per consentire la raccolta di specifici tipi di dati. Poiché l'aspetto del controllo del form HTML può essere molto diverso dalle specifiche di un designer, gli sviluppatori Web a volte creano i propri controlli del form in modo personalizzato.

e-mail

Questo tipo di campo viene impostato utilizzando il valore email per l'attributo type:

```
<input type = "email" id = "email" name = "email">
```

Quando viene utilizzato questo tipo, l'utente deve digitare un indirizzo e-mail valido nel campo. Qualsiasi altro contenuto fa sì che il browser visualizzi un errore quando il form viene inviato.

Su alcuni dispositivi, in particolare i dispositivi touch con tastiere dinamiche come gli smartphone, potrebbe essere presentata una tastiera virtuale diversa e più adatta per l'inserimento di indirizzi e-mail, che include il tasto @. Questo è un altro buon motivo per utilizzare questi nuovi tipi di input, migliorando l'esperienza utente per gli utenti di questi dispositivi.

L'e-mail, insieme ad altri tipi di input più recenti, fornisce la convalida degli errori lato client integrata, eseguita dal browser prima che i dati vengano inviati al server. È un aiuto utile per guidare gli utenti a compilare accuratamente un form e può far risparmiare tempo: è utile sapere che i tuoi dati non sono corretti immediatamente, piuttosto che dover aspettare una verifica lato server.

Ma non dovrebbe essere considerata una misura di sicurezza esaustiva! Le tue app dovrebbero sempre eseguire controlli di sicurezza su tutti i dati inviati tramite form sia lato server che lato client, poiché la convalida lato client è troppo facile da disattivare, quindi gli utenti malintenzionati possono comunque inviare facilmente dati non validi al tuo server.

Tieni presente che `a@b` è un indirizzo e-mail valido in base ai vincoli forniti di default. Ciò è dovuto al fatto che il tipo di input di posta elettronica consente gli indirizzi di posta elettronica intranet per impostazione predefinita. Per implementare un diverso comportamento di convalida, puoi utilizzare l'attributo `pattern` e puoi anche personalizzare i messaggi di errore.

search

I campi di ricerca devono essere utilizzati per creare caselle di ricerca su pagine e app. Questo tipo di campo viene impostato utilizzando il valore `search` per l'attributo `type`:

```
<input type = "search" id = "search"
name = "search">
```

La differenza principale tra un campo di testo e un campo di ricerca è il modo in cui il browser ne definisce l'aspetto. Spesso, i campi di ricerca vengono visualizzati con bordi arrotondati; a volte visualizzano anche un ⊗, che cancella qualsiasi valore dal campo quando viene cliccato.

Inoltre, sui dispositivi con tastiere dinamiche, il tasto Invio della tastiera potrebbe diventare "Cerca" o visualizzare un'icona a forma di lente di ingrandimento. Un'altra caratteristica degna di nota è che i valori di un campo di ricerca possono essere salvati automaticamente e riutilizzati per offrire il completamento automatico su più pagine dello stesso sito web; questo accade automaticamente nella maggior parte dei browser moderni.

tel

È possibile creare un campo speciale per inserire i numeri di telefono utilizzando `tel` come valore dell'attributo `type`:

```
<input type = "tel" id = "tel" name =
"tel">
```

Quando si accede tramite un dispositivo touch con una tastiera dinamica, la maggior parte dei dispositivi visualizzerà un tastierino numerico quando viene rilevato `type = "tel"`, il che significa che questo tipo è utile ogni volta che serve un tastierino numerico.

A causa dell'ampia varietà di formati di numeri di telefono in tutto il mondo, questo tipo di campo non impone alcun vincolo sul valore inserito da un utente (questo significa che può includere lettere, ecc.). Come accennato in precedenza, l'attributo `pattern` può essere utilizzato per applicare vincoli.

number

I controlli per l'immissione di numeri possono essere creati con un tipo di numero `<input>`. Questo tipo di input ha l'aspetto di un campo di testo ma consente l'inserimento solo di numeri a virgola mobile e in genere fornisce pulsanti sotto forma di una casella di selezione per aumentare e diminuire il valore del controllo. Sui dispositivi con tastiere dinamiche, generalmente viene visualizzata la tastiera numerica.

Con il tipo di input numerico, è possibile vincolare i valori minimo e massimo consentiti impostando gli attributi `min` e `max`.

È inoltre possibile utilizzare l'attributo `step` per impostare di quanto aumentare e diminuire il valore selezionato. Per impostazione predefinita, il tipo di input `number` convalida solo se il numero è un numero intero.

Per consentire i numeri in virgola mobile, specificare `step` = `"any"`. Se omesso, il valore predefinito è 1, il che significa che sono validi solo i numeri interi.

Diamo un'occhiata ad alcuni esempi, vediamo come creare un controllo numerico il cui valore è limitato a qualsiasi valore compreso tra 1 e 10 e i cui pulsanti cambiano il suo valore di 2:

```
<input type = "number" name = "eta" id =
"eta" min = "1" max = "10" step = "2">
```

Capitolo 7: Microdata

Ci sono più di 100 elementi in HTML5, alcuni sono puramente semantici e altri sono solo contenitori per API con script. In tutta la storia dell'HTML, gli esperti di standard hanno discusso su quali elementi dovrebbero essere inclusi nel linguaggio. L'HTML dovrebbe includere un elemento `<figure>`? Un elemento `<person>`?

Vengono prese le decisioni, scritte le specifiche e gli sviluppatori le implementano e il Web diventa un posto migliore. Ovviamente, l'HTML non può piacere a tutti.

Ad esempio, non è presente alcun elemento `<person>` in HTML5. Non c'è nulla che ti impedisca di includere un elemento `<person>` in una pagina web, ma non sarà convalidato, non funzionerà in modo coerente su tutti i browser e potrebbe entrare in conflitto con le specifiche HTML future se venisse aggiunto in seguito. Quindi, se inventare i propri elementi non è la risposta, cosa deve fare un autore web incline alla semantica?

Ci sono stati tentativi di estendere le versioni precedenti di HTML. Il metodo più popolare è tramite l'uso dei microformati, che utilizzano gli attributi `class` e `rel` in HTML 4. Un'altra opzione è RDFa, che era stato originariamente progettato per essere utilizzato in XHTML. Sia i microformati che RDFa hanno i loro punti di forza e di debolezza, adottano approcci radicalmente diversi verso lo stesso obiettivo: estendere le pagine web con semantica aggiuntiva che non fa parte del linguaggio HTML di base.

Voglio concentrarmi su una terza opzione che fa parte e strettamente integrata nello stesso HTML5: i microdati.

Come funziona?

I microdati annotano il DOM con coppie
nome/valore che fungono da vocabolari
personalizzati. Ora cosa significa? I microdati
sono incentrati sui vocabolari personalizzati.
Pensa al "set di tutti gli elementi HTML5"
come a un vocabolario, esso include
elementi per rappresentare una sezione o un
articolo, ma non include elementi per
rappresentare una persona o un evento.

Se vuoi rappresentare una persona su una
pagina web, dovrai definire il tuo vocabolario.
I microdati ti consente di farlo infatti chiunque
può definire un vocabolario di microdati e
iniziare a incorporare proprietà
personalizzate nelle proprie pagine web. La
prossima cosa da sapere sui microdati è che
funziona con le coppie nome / valore. Ogni

vocabolario dei microdati definisce un insieme di proprietà denominate.

Ad esempio, un vocabolario Person potrebbe definire proprietà come nome e foto. Per includere una proprietà di microdati specifica nella tua pagina web, devi fornire il nome della proprietà in un luogo specifico. A seconda di dove si dichiara il nome della proprietà, i microdati hanno regole su come estrarre il valore della proprietà.

Insieme alle proprietà denominate, i microdati si basano in gran parte sul concetto di "scoping". Il modo più semplice per pensare all'ambito dei microdati è pensare alla naturale relazione genitore-figlio degli elementi nel DOM. L'elemento `<html>` di solito contiene due figli, `<head>` e `<body>`. L'elemento `<body>` di solito contiene più elementi secondari, ognuno dei quali può avere elementi figlio propri. Ad esempio, la tua pagina potrebbe includere un elemento `<h1>` all'interno di un elemento `<hgroup>` all'interno di un elemento `<header>` all'interno dell'elemento `<body>`. Allo stesso modo, una tabella dati potrebbe contenere elementi `<td>` all'interno di `<tr>` elementi all'interno di un elemento `<table>` (all'interno del `<body>`).

I microdati riutilizzano la struttura gerarchica del DOM stesso per fornire un modo per dire "tutte le proprietà all'interno di questo elemento sono prese da questo vocabolario". Ciò consente di utilizzare diversi vocabolari di microdati sulla stessa pagina. Puoi persino annidare i vocabolari dei microdati all'interno di altri vocabolari, il tutto riutilizzando la struttura naturale del DOM.

I microdati riguardano l'applicazione di semantica aggiuntiva ai dati già visibili sulla tua pagina web, infatti, non sono progettati per essere un formato dati autonomo.

Si tratta di un complemento all'HTML, infatti, i microdati funzionano meglio quando stai già utilizzando HTML correttamente ma il vocabolario HTML non è abbastanza espressivo.

I microdati sono ottimi per mettere a punto la semantica dei dati già presenti nel DOM. Se i dati che stai "semantificando" non fossero nel DOM, dovresti fare un passo indietro e rivalutare se i microdati sono la soluzione giusta.

Modello dei microdati

Definire il proprio vocabolario dei microdati è molto facile. Per prima cosa hai bisogno di uno spazio dei nomi, che è solo un URL. L'URL dello spazio dei nomi può puntare a una pagina web funzionante, anche se non è strettamente necessario.

Supponiamo che io voglia creare un vocabolario di microdati che descriva una persona. Se possiedo il dominio `pippo.org`, userò l'URL `https://pippo.org/Person` come spazio dei nomi per il mio vocabolario dei microdati. Questo è un modo semplice per creare un identificatore univoco globale: scegli un URL su un dominio che controlli.

In questo vocabolario, ho bisogno di definire alcune proprietà, ognuna associata ad un nome. Cominciamo con tre proprietà di base:

- nome (il nome completo dell'utente)
- foto (un link a un'immagine dell'utente)
- url (un collegamento a un sito associato all'utente, come un blog o un profilo Google)

Due di queste proprietà sono URL mentre l'altra è del semplice testo. Ognuna di esse si presta a una forma naturale di markup, anche prima di iniziare a pensare a microdati o vocabolari.

Immagina di avere una pagina profilo o una pagina "Informazioni". Il tuo nome è probabilmente contrassegnato come un'intestazione, come un elemento `<h1>`. La tua foto è probabilmente un elemento `<img>`, dal momento che vuoi che le persone la vedano e tutti gli URL associati al tuo profilo sono probabilmente già contrassegnati come collegamenti ipertestuali, perché desideri che gli utenti possano fare clic su di essi.

Supponiamo che l'intero profilo sia anche racchiuso in un elemento `<section>` per separarlo dal resto del contenuto della pagina. Quindi:

```
<section>
 <h1>Mario Rossi</h1>
 <p><img
src="https://www.miosito.org/foto.jpg"
alt="mia foto"></p>
 <p><a
href="https://miosito.org/">Informazioni
</a></p>
</section>
```

Il modello di dati è costituito da coppie nome / valore. Un nome di proprietà dei microdati (come nome, foto o URL in questo esempio) è sempre dichiarato su un elemento HTML. Il valore della proprietà corrispondente viene quindi preso dal DOM dell'elemento. Per la maggior parte degli elementi HTML, il valore della proprietà è semplicemente il contenuto di testo dell'elemento.

"Aggiungere microdati" alla tua pagina rimanda ad aggiungere alcuni attributi agli elementi HTML che hai già. La prima cosa è dichiarare il vocabolario dei microdati che stai utilizzando, aggiungendo un attributo `itemtype`.

La seconda cosa è dichiarare l'ambito del vocabolario, utilizzando un attributo `itemscope`.

In questo esempio, tutti i dati che vogliamo semantificare sono in un elemento `<section>`, quindi dichiareremo gli attributi `itemtype` e `itemscope` sull'elemento `<section>`:

```
<section itemscope itemtype =
"https://miosito.org/Person">
```

Il tuo nome è il primo set di dati all'interno dell'elemento `<section>`, è racchiuso in un elemento `<h1>`. Vediamo il codice:

```
<h1 itemprop = "name"> Mario Rossi </h1>
```

Questo dice: "Qui si trova la proprietà `name` : `https://miosito.org/Person`. Il valore della proprietà è `Mario Rossi`."

Il prossimo elemento da analizzare è la proprietà `photo` che dovrebbe essere un URL. Il "valore" di un elemento `<img>` è il suo attributo `src`. Ehi, guarda, l'URL della tua foto del profilo è già in un attributo `<img src>` quindi tutto quello che devi fare è dichiarare che l'elemento `<img>` è la proprietà di `photo`:

```
<p> <img itemprop = "photo" src =
"https://www.miosito.org/foto.jpg" alt =
"mia foto"> </p>
```

In inglese, questo dice: "Ecco la proprietà `photo` del vocabolario `https://miosito.org/Person`".

Il valore della proprietà è
"https://www.miosito.org/foto.jpg".

Infine, anche la proprietà `url` è un URL e il "valore" di un elemento `<a>` è il suo attributo `href`. Ancora una volta, questo si adatta perfettamente al tuo markup esistente. Tutto quello che devi fare è dire che il tuo elemento `<a>` esistente equivale alla proprietà `url`:

```
<a itemprop="url"
href="https://miosito.org/">Informazioni
</a>
```

In inglese, questo dice: "Ecco la proprietà `url` del solito vocabolario e il valore della proprietà è `https://miosito.org/`. " Naturalmente, se il tuo markup sembra leggermente diverso, non è un problema. Puoi aggiungere proprietà e valori dei microdati a qualsiasi markup HTML.

MySQL

Premessa

I sistemi di gestione dei database sono gli schedari elettronici che aiutano individui e organizzazioni a gestire la massa di informazioni che elaborano ogni giorno. Con un database ben progettato, le informazioni possono essere facilmente archiviate, aggiornate, accessibili e fascicolate. Ad esempio, una società di spedizioni può utilizzare un database per registrare i dati associati a ciascuna spedizione, come mittente e destinatario, origine e destinazione, tempi di spedizione e consegna, posizione corrente e spese di spedizione.

Alcune di queste informazioni devono essere aggiornate man mano che la spedizione procede. Lo stato corrente di una spedizione può essere letto dal database in qualsiasi momento e i dati su tutte le spedizioni possono anche essere riepilogati in report.

Il Web ha ispirato una nuova generazione di utilizzo dei database. Ora è molto facile sviluppare e pubblicare applicazioni multiutente che non richiedono l'installazione di alcun software personalizzato sul computer di ogni utente.

L'aggiunta di un database a un'applicazione Web consente la raccolta e l'utilizzo automatico delle informazioni. Ad esempio, un cliente può visitare un sito di acquisti online, vedere cosa c'è in magazzino, effettuare un ordine, inviare le informazioni di pagamento e tenere traccia dell'ordine fino alla consegna della merce. Può anche effettuare ordini in modo anticipato per prodotti che non sono disponibili, inviare recensioni e partecipare a discussioni sugli articoli che ha acquistato.

Se tutto va bene, il personale del sito non ha bisogno di intervenire in nessuna di queste azioni; minore è l'intervento del personale richiesto durante il normale funzionamento, più scalabile è l'applicazione per un gran numero di utenti. Il personale è quindi libero di svolgere compiti ben più produttivi, come monitorare le vendite e le scorte in tempo reale e progettare promozioni speciali basate sulle vendite dei prodotti.

Personalmente sono sempre stato interessato ad utilizzare i computer come strumento per rendere le cose più veloci, più efficienti e più efficaci. Negli ultimi anni ho ripetutamente scoperto che il sistema di gestione del database MySQL insieme ai linguaggi di programmazione PHP e Perl, forniscono una piattaforma perfetta per applicazioni serie come la gestione dei record di ricerca, così come quelle non così serie che riguardano la lotteria dell'ufficio per esempio.

Lungo la strada, abbiamo imparato molte lezioni che vorremmo trasmettere e questo libro contiene i suggerimenti che secondo me la maggior parte dei lettori troverà utili su base giornaliera. Questo libro è principalmente per le persone che non sanno molto sulla distribuzione e sull'utilizzo di un vero sistema di gestione di database o sullo sviluppo di applicazioni che utilizzano un database.

Forniamo un'introduzione ai database relazionali, al sistema di gestione dei database MySQL, allo Structured Query Language (SQL) e non solo. Vedremo anche del materiale un po' più avanzato che sarà di interesse anche per utenti esperti di database.

I lettori che usano, hanno già usato o conoscono questi argomenti dovrebbero essere in grado di utilizzare questo libro per accrescere le loro conoscenze e approfondire la loro comprensione di MySQL, in particolare e, delle tecniche per i database in generale.

Capitolo 1: Cos'è MySQL?

MySQL (pronunciato "My Ess Cue Ell") è molto più di un "database open source molto popolare nel mondo", come affermano gli sviluppatori della società MySQL AB. Questo database di dimensioni modeste ha introdotto milioni di utenti di computer e ricercatori dilettanti di tutti i giorni nel mondo dei potenti sistemi di informazione. MySQL è un concorrente relativamente recente nell'area consolidata dei sistemi di gestione di database relazionali (RDBM), un concetto inventato dal ricercatore IBM Edgar Frank Codd nel 1970.

Nonostante l'arrivo di nuovi tipi di repository di dati negli ultimi 35 anni, i database relazionali rimangono i cavalli di battaglia del mondo dell'informazione. Consentono agli utenti di rappresentare relazioni sofisticate tra elementi di dati e di calcolare queste relazioni con la velocità necessaria per prendere decisioni fondamentali.

È impressionante come si possa passare dalla progettazione all'implementazione in poche ore e con quanta facilità si possano sviluppare applicazioni web per accedere a terabyte di dati e servire migliaia di utenti web al secondo. Che tu stia offrendo prodotti su un sito web, conducendo un sondaggio scientifico o semplicemente cercando di fornire dati utili alla tua classe, al circolo ciclistico o ad un'organizzazione religiosa, MySQL ti consente di iniziare rapidamente e ti consente di aumentare i tuoi servizi comodamente nel tempo.

La sua facilità di installazione e utilizzo ha portato l'analista multimediale Clay Shirky ad attribuire a MySQL il merito di guidare un tipo completamente nuovo di sistema informativo che chiama "software situato" - software personalizzato che può essere facilmente progettato e costruito per applicazioni di nicchia.

In questo libro, forniamo istruzioni per aiutarti a configurare MySQL e il relativo software. Ti insegneremo il linguaggio SQL (Structured Query Language), che viene utilizzato per inserire, recuperare e manipolare i dati.

Forniremo anche un tutorial sulla progettazione del database, spiegheremo come configurare MySQL per una maggiore sicurezza e ti offriremo suggerimenti avanzati su come ottenere ancora di più dai tuoi dati.

Perché MySQL è così popolare?

Il processo di sviluppo di MySQL si concentra sull'offerta di un'implementazione molto efficiente delle funzionalità di cui la maggior parte delle persone ha bisogno. Ciò significa che MySQL ha meno funzionalità rispetto al suo principale concorrente open source, PostgreSQL o ai motori di database commerciali. Tuttavia, le competenze che ottieni da questo libro ti saranno utili su qualsiasi piattaforma.

Molti sistemi di gestione di database, anche quelli open source, hanno preceduto MySQL. Perché MySQL è stata la scelta per così tanti principianti e piccoli siti? Perché ora viene adottato anche per utenti di database pesanti nel governo e nell'industria?

Possiamo suggerire alcuni fattori: dimensioni e velocità. MySQL può essere eseguito su hardware molto modesto e non richiede molte risorse di sistema; molti piccoli utenti forniscono informazioni alle loro organizzazioni eseguendo MySQL su semplici sistemi desktop. La velocità con cui può recuperare le informazioni lo ha reso un favorito di lunga data degli amministratori web.

Negli ultimi anni, MySQL AB ha affrontato la necessità di soddisfare siti più grandi aggiungendo funzionalità che necessariamente rallentano il recupero ma il suo design modulare consente di ignorare le funzionalità avanzate e mantenere l'elasticità e la velocità per cui MySQL è famoso.

Anche grazie al fatto che MySQL è piccolo e veloce, funziona nel modo in cui la maggior parte delle persone desidera direttamente "out-of-the-box". Può essere installato senza configurazioni difficili e sofisticate e, ora che molte distribuzioni Linux includono MySQL, l'installazione può essere quasi automatica.

Questo non significa che MySQL sia privo di attività amministrative. In particolare, tratteremo alcune cose che devi fare all'inizio per rafforzare la sicurezza ma, tuttavia, in questo libro viene mostrata pochissima configurazione, il che è un tributo alla praticità e alle qualità naturali del motore di database.

Come spiegheremo in seguito, esistono più standard nel mondo dei database relazionali ed è impossibile rivendicare la totale conformità. L'apprendimento di MySQL ti prepara sicuramente a passare ad altri motori di database, infatti, spostare il codice da un motore di database a un altro non è mai banale ma MySQL svolge un lavoro ragionevole nel fornire un ambiente standard e migliora man mano che sviluppa più funzionalità.

Con poche centinaia di dipendenti sparsi in tutto il mondo, MySQL AB è un'organizzazione molto flessibile che tiene costantemente sotto controllo le esigenze degli utenti. Alle sue conferenze, i lead developer si rendono disponibili a tutti coloro che hanno una lamentela o una nuova idea.

Esistono anche gruppi di utenti MySQL in quasi tutte le principali città e questa reattività è aiutata dal fatto che MySQL è open-source e gratuito; qualsiasi programmatore sufficientemente esperto può esaminare il codice del programma per trovare e forse aiutare a risolvere i problemi.

MySQL ha in realtà un approccio a doppia licenza: se vuoi costruire il tuo prodotto attorno ad esso, paghi a MySQL AB una tassa di licenza. Se desideri utilizzare MySQL solo per fornire i tuoi dati, non devi pagare il canone di licenza. MySQL offre anche supporto tecnico, così come numerose altre società e consulenti, alcuni dei quali probabilmente vicino a te.

È facile usare MySQL come parte di un sistema software più ampio, ad esempio, puoi scrivere programmi che possono interagire direttamente con un database MySQL. La maggior parte dei principali linguaggi di programmazione dispone di librerie di funzioni da utilizzare con MySQL; inclusi C, PHP, Perl, Python, Ruby, Java e i linguaggi Microsoft .NET. MySQL supporta anche lo standard ODBC (Open Database Connectivity), rendendolo accessibile anche quando la funzionalità specifica di MySQL non è disponibile.

Structured Query Language

Ad IBM deve essere attribuita non solo l'invenzione del database relazionale ma lo sviluppo del linguaggio utilizzato ancora oggi per interagire con tali database. SQL è un po' strano, porta i segni stilistici del suo tempo e dei suoi sviluppatori.

È anche diventato piuttosto gonfio nel corso degli anni, un processo aggravato dal fatto che è stato standardizzato più volte ma in questo libro ti mostreremo gli elementi essenziali di cui hai veramente bisogno e ti aiuteremo a conoscerli bene.

SQL mostra molti dei problemi che sono comunemente attribuiti agli standard informatici: cercare di fare troppo, forzare nuove funzionalità per mantenere la compatibilità con le versioni precedenti e riflettere scomodi compromessi e compromessi tra potenti fornitori.

Di conseguenza, esistono diversi standard a cui possono aderire i sistemi di gestione dei database. SQL-92 risale al 1992 e fornisce praticamente tutto ciò di cui avrete bisogno per iniziare a lavorare. Tuttavia, manca delle funzionalità richieste da alcune applicazioni moderne. SQL: 1999 è stato standardizzato nel 1999 e aggiunge un numero enorme di nuove funzionalità, molte delle quali considerate eccessive da alcuni esperti. Esiste anche uno standard più recente, SQL: 2003, pubblicato nel 2003 e aggiunge il supporto per i dati XML.

Ogni team di sviluppo deve decidere i compromessi tra le funzionalità richieste dagli utenti e la necessità di mantenere il software veloce e robusto quindi i motori di database generalmente non sono completamente conformi a nessuno standard.

In questo libro, ti mostreremo come utilizzare la versione SQL di MySQL per creare database e archiviare e modificare i dati. Ti mostreremo anche come utilizzare questa variante SQL per amministrare il server MySQL e i suoi utenti.

Capitolo 2: Installazione

Imparare MySQL è più semplice se hai un server di database installato sul tuo computer. Amministrando il tuo server, puoi andare oltre le query e imparare a gestire utenti e privilegi, configurare il server e sfruttare al meglio le sue funzionalità. I passaggi necessari per installare MySQL non sono fondamentali anche perché sono guidati in ogni piattaforma, l'importante è saper configurare MySQL, che è utile quando devi distribuire le tue applicazioni altrove.

MySQL è disponibile in diverse forme e per molti sistemi operativi. Il modo in cui scegli di installarlo dipende da ciò che vuoi fare, da quanto sei sicuro di usare l'ambiente del tuo sistema operativo e dal livello di privilegi che hai sul tuo sistema.

Se prevedi di utilizzare l'installazione solo per l'apprendimento e lo sviluppo e non per un sito di produzione, hai una scelta più ampia e non devi preoccuparti così tanto della sicurezza e delle prestazioni. Descriveremo i modi più comuni per installare il software di cui hai bisogno.

È possibile trovare i programmi MySQL pronti per l'uso (noti come binari) sul sito Web MySQL. È inoltre possibile scaricare il codice sorgente di MySQL dal sito Web di MySQL e preparare o compilare personalmente i programmi eseguibili. Compilando da soli, ci si assicura di avere la versione più aggiornata del software e si può ottimizzare l'output del compilatore per le proprie esigenze particolari, tuttavia, questo è dedicato ad utenti esperti.

Il manuale di MySQL dice che puoi ottenere un aumento delle prestazioni fino al 30 percento se compili il codice con le impostazioni ideali per il tuo ambiente.

Tuttavia, questo può essere un processo noioso e soggetto a errori, quindi ti suggeriamo di usare i file binari già pronti a meno che tu non abbia esperienza e abbia davvero bisogno di spremere ogni grammo di prestazioni dal tuo server. Compilare da sorgenti in Windows e Mac OS X è ancora più complicato, quindi non è un approccio comune e non ne discuteremo in questo libro.

Puoi anche installare MySQL come parte di un pacchetto integrato che include il software Apache, PHP e Perl. L'utilizzo di un pacchetto integrato consente di seguire una procedura guidata di installazione passo a passo. Questo approccio risulta più facile che integrare pacchetti autonomi, infatti, molti dei pacchetti integrati includono altri strumenti che consentono di modificare i file di configurazione, lavorare con MySQL o avviare e arrestare comodamente i servizi.

Sfortunatamente, molti dei pacchetti integrati hanno versioni inferiori rispetto alla versione corrente di MySQL e potrebbero non includere tutte le librerie PHP di cui hai bisogno. Un altro svantaggio è che un pacchetto integrato non si adatta sempre alla configurazione corrente; per esempio, anche se hai già un'installazione MySQL, ne riceverai un'altra come parte del pacchetto integrato e dovrai fare attenzione a evitare conflitti.

Nonostante gli svantaggi, ti consigliamo di seguire questo approccio. Sono disponibili diversi pacchetti integrati; riteniamo che XAMPP sia probabilmente il miglior prodotto di questi. XAMPP include MySQL, il server web Apache con supporto PHP e Perl e altri software utili come phpMyAdmin.

Ti consigliamo di iniziare utilizzando XAMPP se hai intenzione di creare un sito Web o imparare anche PHP o Perl. I pacchetti software necessari, MySQL, Apache, PHP e Perl, sono disponibili pronti per l'installazione su molti sistemi operativi e possono essere compilati per essere eseguiti su un gran numero di altri.

Se invece vuoi solo imparare ad usare MySQL, puoi scaricare i file di installazione dal sito MySQL ed installarlo grazie alla configurazione guidata. È probabile che tu stia utilizzando uno dei tre principali sistemi operativi: Linux, Windows o Mac OS X. Dal momento che sono tutti supportati, scegli il file appropriato per la tua piattaforma dal sito Web.

Cosa sarà installato?

È necessario padroneggiare diverse competenze per eseguire un sistema di database. In questa sezione, illustreremo cosa implica l'utilizzo di MySQL e cosa verrà installato. Un'installazione MySQL ha due componenti: un server che gestisce i dati e uno o più client che chiedono al server di eseguire operazioni con i dati, come modificare voci o fornire report.

Il client che probabilmente utilizzerai più spesso è il programma MySQL Shell che è disponibile nella maggior parte delle installazioni MySQL. Ciò consente di connettersi a un server MySQL ed eseguire query SQL. Altri client sono inclusi in un'installazione tipica; ad esempio, il programma mysqladmin è un client che consente di eseguire varie attività di amministrazione del server.

In effetti, qualsiasi programma che sappia come dialogare con il server MySQL è un client; un programma per un sito di shopping Web o un'applicazione per generare grafici di vendita per un team di marketing possono essere entrambi clienti.

Sebbene il server web e il server MySQL siano programmi separati e possano essere eseguiti su computer separati, è comune trovare implementazioni di piccola e media scala che hanno entrambi in esecuzione su un singolo computer.

Per seguire il contenuto di questo libro, avrai bisogno di un software; fortunatamente, tutto il software che utilizziamo è open source, gratuito per uso non commerciale e facilmente scaricabile da Internet.

Per coprire tutte le parti di questo libro, è necessario un server database MySQL, Perl e un server web in grado di comunicare con MySQL utilizzando i linguaggi di programmazione PHP e Perl.

Ecco quattro aspetti fondamentali da tenere a mente:

- Server MySQL: sistema che gestisce le elaborazioni.

- SQL: questo è il cuore dell'utilizzo di MySQL nonché l'argomento principale di questo libro.

- Linguaggi di programmazione: SQL non è un linguaggio semplice o intuitivo e può essere noioso eseguire ripetutamente operazioni complesse. È invece possibile utilizzare un linguaggio di programmazione generico come PHP o Perl per creare ed eseguire automaticamente query SQL sul server MySQL. Puoi anche nascondere i dettagli dell'interazione con il database dietro un'interfaccia user-friendly.

- Applicazioni di database per il Web: puoi utilizzare PHP o Perl per creare applicazioni Web dinamiche basate su database in grado di pubblicare informazioni dal database sul Web e acquisire informazioni fornite dagli utenti.

Capitolo 3: Gestione utenti

Assumendo che tu abbia già installato MySQL o MariaDB (è un fork di MySQL) sul tuo sistema. Tutti i comandi verranno eseguiti come utente root.

Per aprire il prompt di MySQL, digita il seguente comando e inserisci la password dell'utente root MySQL quando richiesto:

```
mysql -u root -p
```

Creazione di un nuovo account

Un account utente in MySQL è costituito da un nome utente e da parti del nome host. Per creare un nuovo account utente MySQL, esegui il seguente comando, sostituendo semplicemente "utente_db" con il nome dell'utente che desideri creare:

```
CREATE    USER    'utente_db'@'localhost'
IDENTIFIED BY 'password';
```

Nel comando sopra abbiamo impostato la parte del nome host su localhost, il che significa che questo utente sarà in grado di connettersi al server MySQL solo dal localhost (cioè dal sistema in cui viene eseguito MySQL Server). Se vuoi concedere l'accesso da un altro host, cambia semplicemente l'host locale con l'IP della macchina remota o usa il carattere jolly '%'

per la parte host, il che significa che l'account utente sarà in grado di connettersi da qualsiasi host.

Come quando si lavora con i database per evitare errori quando si tenta di creare un account utente già esistente, è possibile utilizzare:

```
CREATE    USER    IF    NOT    EXISTS
'utente_db'@'localhost'    IDENTIFIED    BY
'password';

Query  OK,  0  rows  affected,  1  warning
(0.00 sec)
```

Modifica la password di un account

La sintassi per modificare la password di un account utente MySQL o MariaDB dipende dalla versione del server in esecuzione sul sistema. Puoi trovare la versione del tuo server immettendo il seguente comando:

```
mysql --version
```

Se hai MySQL 5.7.6 e versioni successive o MariaDB 10.1.20 e versioni successive, per modificare la password usa il seguente comando:

```
ALTER    USER    'utente_db'@'localhost'
IDENTIFIED BY 'nuova_password';
```

Se hai MySQL 5.7.5 e versioni precedenti o MariaDB 10.1.20 e versioni precedenti, utilizza:

```
SET                PASSWORD                FOR
'utente_db'@'localhost'=PASSWORD('nuova_
password');
```

In entrambi i casi, l'output dovrebbe essere
simile a questo:

```
Query OK, 0 rows affected (0.00 sec)
```

Elencare tutti gli account utente

Puoi elencare tutti gli account utente MySQL o MariaDB interrogando la tabella `mysql.user`:

```
SELECT user, host FROM mysql.user;
```

L'output dovrebbe essere simile al seguente:

```
+------------------+-----------+
| user             | host      |
+------------------+-----------+
| utente_db        | %         |
| utente_db        | localhost |
| debian-sys-maint | localhost |
| mysql.session    | localhost |
| mysql.sys        | localhost |
```

```
| root              | localhost |

+-------------------+-----------+

6 rows in set (0.00 sec)
```

Eliminare un account utente

Per eliminare un account utente, utilizza il seguente comando:

```
DROP USER 'utente_db @' localhost ';
```

Se provi a eliminare un account utente che non esiste, si verificherà un errore.

```
ERROR 1396 (HY000): Operation DROP USER
failed for "utente_db"@"localhost"
```

Come quando lavori con i database per evitare questo errore puoi usare:

```
DROP        USER        IF        EXISTS
'utente_db'@'localhost';

Query OK, 0 rows affected, 1 warning
(0.00 sec)
```

Autorizzazioni per account

Esistono più tipi di privilegi che possono essere concessi ad un account utente. In questa guida esamineremo diversi esempi, ad esempio, per concedere tutti i privilegi a un account utente su un database specifico, utilizza il comando seguente:

```
GRANT ALL PRIVILEGES ON nome_db.* TO
'utente_db'@'localhost';
```

Per estendere tutti i privilegi a un account utente su tutti i database, utilizzare il comando seguente:

```
GRANT ALL PRIVILEGES ON *.* TO
'utente_db'@'localhost';
```

Per estendere tutti i privilegi a un account utente su una tabella specifica da un database, utilizza il comando seguente:

```
GRANT       ALL       PRIVILEGES      ON
nome_db.nome_tabella                  TO
'utente_db'@'localhost';
```

Se desideri concedere solo privilegi specifici a un account utente su un tipo di database specifico:

```
GRANT  SELECT,  INSERT,  DELETE  ON
nome_db.* TO 'utente_db'@'localhost';
```

Revocare le autorizzazioni

Se è necessario revocare uno o più privilegi
o tutti i privilegi da un account utente, la
sintassi è quasi identica a quella appena
analizzata. Ad esempio, se desideri revocare
tutti i privilegi da un account utente su un
database specifico, utilizza il seguente
comando:

```
REVOKE ALL PRIVILEGES ON nome_db.* TO
'utente_db'@'localhost';
```

Per trovare i privilegi concessi a un tipo di
account utente MySQL specifico:

```
SHOW GRANTS FOR "utente_db"@"localhost";

+---------------------------------------
-------------------------------------+

|  Grants  for  database_user@localhost
|
```

```
+----------------------------------------
------------------------------------+

|   GRANT    USAGE    ON    *.*    TO
'utente_db'@'localhost'
|

| GRANT ALL PRIVILEGES ON `nome_db`.* TO
'utente_db'@'localhost'  |

+----------------------------------------
------------------------------------+
```

2 rows in set (0.00 sec)

Questa sezione copre solo le basi ma dovrebbe essere un buon inizio per gestire il database MySQL e gli utenti dalla riga di comando. L'importante è non dimenticare mai la password dell'utente root perché si tratta di un superutente perché ha alti privilegi ed è per questo che può fare di tutto.

Capitolo 4: Tipi di dati

La definizione corretta dei campi in una tabella è importante per l'ottimizzazione complessiva del database. Dovresti usare solo il tipo e la dimensione del campo di cui necessiti. Ad esempio, non definire un campo largo 10 caratteri, se sai che utilizzerai solo 2 caratteri. Questi tipi di campi (o colonne) sono anche indicati come tipi di dati. MySQL utilizza molti diversi tipi di dati suddivisi in tre categorie:

- Numerico
- Data e ora
- Stringhe

Tipi di dati numerici

MySQL utilizza tutti i tipi di dati numerici ANSI SQL standard, quindi se hai usato un diverso sistema di database, queste definizioni ti sembreranno familiari. Il seguente elenco mostra i tipi di dati numerici comuni e le loro descrizioni:

- INT - Un numero intero di dimensioni normali che può essere con o senza segno. Se con segno, l'intervallo consentito è compreso tra - 2147483648 e 2147483647. Altrimenti, l'intervallo consentito è compreso tra 0 e 4294967295. È possibile specificare una larghezza fino a 11 cifre.

- TINYINT - Un numero intero molto piccolo che può essere con o senza segno. Se con segno, l'intervallo consentito è compreso tra -128 e 127. Altrimenti, l'intervallo consentito è compreso tra 0 e 255. È possibile specificare una larghezza fino a 4 cifre.

- SMALLINT - Un piccolo numero intero che può essere con o senza segno. L'intervallo consentito è compreso tra -32768 e 32767 oppure tra 0 e 65535. È possibile specificare un'ampiezza fino a 5 cifre.

- MEDIUMINT - Un numero intero di medie dimensioni che può essere con o senza segno. Se con segno, l'intervallo consentito è compreso tra -8388608 e 8388607. Altrimenti, l'intervallo consentito è compreso tra 0 e 16777215. È possibile specificare una larghezza fino a 9 cifre.

- BIGINT - Un numero intero grande che può essere con o senza segno. L'intervallo consentito va da -9223372036854775808 a 9223372036854775807 oppure da 0 a 18446744073709551615. È possibile specificare una larghezza fino a 20 cifre.

- FLOAT (M, D) - Un numero a virgola mobile che non può essere senza segno. È possibile definire la lunghezza della parte intera (M) e il numero dei decimali (D). Questi parametri sono opzionali e, se non impostati, saranno pari a 10,2, dove 2 è il numero di decimali e 10 è il numero totale di cifre (compresi i decimali). La precisione decimale può arrivare a 24 posizioni per un FLOAT.

- DOUBLE (M, D) - Un numero a virgola mobile a doppia precisione che non può essere deselezionato. È possibile definire la lunghezza della parte intera (M) e il numero di decimali (D). Il valore predefinito sarà 16,4 dove 4 è il numero di decimali. La precisione decimale può arrivare a 53 posizioni per un DOUBLE. REAL è sinonimo di DOUBLE.

- DECIMAL (M, D) - Un numero a virgola mobile che non può essere senza segno. In questo tipo, ogni decimale corrisponde a un byte ed è necessario definire la lunghezza della parte intera (M) e il numero dei decimali (D). NUMERIC è sinonimo di DECIMAL.

Tipi di data e ora

I tipi per data e ora di MySQL sono i seguenti:

- DATE: una data nel formato AAAA-MM-GG, compresa tra 1000-01-01 e 9999-12-31. Ad esempio, il 30 dicembre 1973 verrebbe memorizzato come 1973-12-30.

- DATETIME - Una combinazione di data e ora nel formato AAAA-MM-GG HH:MM:SS, tra 1000-01-01 00:00:00 e 9999-12-31 23:59:59. Ad esempio, le 3:30 del pomeriggio del 30 dicembre 1973 verranno memorizzate come 1973-12-30 15:30:00.

- TIMESTAMP - Un timestamp tra la mezzanotte del 1° gennaio 1970 e il 2037. Questo sembra simile al precedente formato DATETIME ma è senza i trattini tra i numeri. Le 3:30 del pomeriggio del 30 dicembre 1973 sarebbero Stato memorizzate come 19731230153000 (AAAAMMGGHHMMSS).

- TIME - Memorizza l'ora nel formato HH:MM:SS.

- YEAR (M) - Memorizza un anno in un formato a 2 o 4 cifre. Se la lunghezza è specificata come 2 (ad esempio YEAR (2)), YEAR può essere compresa tra 1970 e 2069 (70 e 69). Se la lunghezza è specificata come 4, YEAR può essere compreso tra 1901 e 2155. La lunghezza predefinita è 4.

Stringhe

Sebbene i tipi numerici e date siano divertenti, la maggior parte dei dati che memorizzerai sarà in un formato stringa. Questo elenco descrive i tipi di dati di stringa comuni in MySQL.

- CHAR (M) - Una stringa di lunghezza fissa compresa tra 1 e 255 caratteri (ad esempio CHAR (5)), riempita con spazi a destra fino alla lunghezza specificata. Non è necessario definire una lunghezza e il valore predefinito è 1.
- VARCHAR (M) - Una stringa di lunghezza variabile compresa tra 1 e 255 caratteri. Ad esempio, VARCHAR (25). È necessario definire una

lunghezza durante la creazione di un campo VARCHAR.

- BLOB o TESTO: un campo con una lunghezza massima di 65535 caratteri. I BLOB sono "oggetti binari di grandi dimensioni" e vengono utilizzati per memorizzare grandi quantità di dati binari, come immagini o altri tipi di file. I campi definiti come TEXT contengono anche grandi quantità di dati. La differenza tra i due è che gli ordinamenti e i confronti sui dati memorizzati fanno distinzione tra maiuscole e minuscole sui BLOB e non sono sensibili al maiuscolo / minuscolo nei campi TEXT. Non si specifica una lunghezza con BLOB o TEXT.

- TINYBLOB o TINYTEXT: una colonna BLOB o TEXT con una lunghezza massima di 255 caratteri. Non si specifica una lunghezza con TINYBLOB o TINYTEXT.

- MEDIUMBLOB o MEDIUMTEXT - Un BLOB o TEXT con una lunghezza massima di 16777215 caratteri. Non si specifica una lunghezza con MEDIUMBLOB o MEDIUMTEXT.

- LONGBLOB o LONGTEXT: una colonna BLOB o TEXT con una lunghezza massima di 4294967295 caratteri. Non si specifica una lunghezza con LONGBLOB o LONGTEXT.

- ENUM - Un'enumerazione, che è un termine di fantasia per una lista. Quando si definisce un ENUM, si crea un elenco di elementi da cui è necessario selezionare il valore (che può anche essere NULL). Ad esempio, se desideri che il tuo campo contenga "A" o "B" o "C", definiresti

ENUM come ENUM ('A', 'B', 'C') e solo quei valori (o NULL) potrebbero popolare il campo così definito.

Capitolo 5: Tabelle ed operazioni

Una tabella di database è una matrice bidimensionale composta da righe e colonne. È possibile creare una tabella utilizzando il comando CREATE TABLE. All'interno del comando, specifichi il nome e il tipo di dati di ogni colonna. Dopo aver creato una tabella, puoi iniziare a caricarla con i dati. Se i requisiti cambiano, è possibile modificare la struttura di una tabella utilizzando il comando ALTER TABLE. Se una tabella non è più utile o diventa obsoleta, puoi eliminarla con il comando DROP TABLE. Le varie forme dei comandi CREATE e ALTER, insieme al comando DROP, costituiscono il DDL (Data Definition Language) di SQL.

Supponi di essere un progettista di database e non vuoi che le tabelle del tuo database diventino confuse quando apporti modifiche nel corso del tempo. Decidi di strutturare le tabelle del database in base ad una forma normalizzata per garantire il mantenimento dell'integrità dei dati.

La normalizzazione, un ampio campo di studio a sé stante, è un modo per strutturare le tabelle del database in modo che gli aggiornamenti non introducano anomalie. Ogni tabella che crei contiene colonne che corrispondono ad attributi strettamente collegati tra loro. È possibile, ad esempio, creare una tabella CLIENTE con gli attributi CLIENTE.CLIENTEID, CLIENTE.Nome, CLIENTE.Cognome, CLIENTE.Via, CLIENTE.Citta, CLIENTE.Stato, CLIENTE.CAP e CLIENTE.Telefono.

Tutti questi attributi sono più strettamente correlati all'entità cliente che a qualsiasi altra entità in un database che può contenere molte tabelle. Questi attributi contengono tutte le informazioni sui clienti relativamente permanenti che l'organizzazione conserva in archivio.

La maggior parte dei sistemi di gestione di database fornisce uno strumento grafico per la creazione di tabelle di database. È inoltre possibile creare tali tabelle utilizzando un comando SQL. L'esempio seguente mostra un comando che crea la tabella CLIENTE:

```
CREATE TABLE CLIENTE (

CLIENTEID INT NOT NULL AUTO_INCREMENT,

Nome CHARACTER (15),

Cognome CHARACTER (20) NOT NULL,

Via CHARACTER (25),
```

```
Citta CHARACTER (20),

Stato CHARACTER (2),

CAP INTEGER,

Telefono CHARACTER (13));
```

Per ogni colonna, bisogna specificare il nome (ad esempio CLIENTEID), il tipo di dati (ad esempio, INTEGER) e possibilmente uno o più vincoli (ad esempio, NOT NULL).

Se l'implementazione SQL che usi non implementa completamente SQL 2003, la sintassi che devi usare potrebbe differire da quella fornita in questo libro quindi fai riferimento alla documentazione del tuo DBMS per informazioni specifiche.

Supponi di dover creare un database per la tua organizzazione. Eccitato dalla prospettiva di costruire una struttura utile, preziosa e di grande importanza per il futuro della tua azienda, ti siedi al tuo computer e inizi a inserire i comandi CREATE. Vero? Beh, no. In effetti, questa è una ricetta per il disastro.

Molti progetti di sviluppo di database vanno male fin dall'inizio poiché l'entusiasmo supera un'attenta pianificazione. Anche se hai un'idea chiara di come strutturare il tuo database, scrivi tutto su carta.

Vediamo come inserire i dati in una tabella:

```
INSERT INTO CLIENTE ('MARIO', 'ROSSI',
'VIA PIPPO', 'MILANO', 'IT', 20121,
'3331122333');
```

In realtà ho commesso un errore, si tratta di Antonio Rossi e non Mario quindi possiamo aggiornare la tabella come segue:

```
UPDATE CLIENTE SET Nome = 'Antonio'
WHERE ID = 1;
```

In tal caso abbiamo usato l'ID generato dalla query di inserimento dei dati.

Infine, eliminiamo la riga e, successivamente, la tabella CLIENTE:

```
DELETE FROM CLIENTE WHERE ID = 1;

DROP TABLE CLIENTE;
```

Come puoi vedere, la clausola WHERE ci consente di identificare una condizione da usare per la nostra query. Nel caso specifico abbiamo utilizzato l'ID per selezionare una riga ma avremmo potuto usare altre colonne per selezionare un determinato nome, cognome, CAP ecc.

Capitolo 6: Normalizzazione

Nel capitolo precedente abbiamo introdotto la normalizzazione quindi vediamo in cosa consiste e come può esserci d'aiuto.

Cos'è la normalizzazione? La normalizzazione è una tecnica di progettazione di database che riduce la ridondanza dei dati ed elimina caratteristiche indesiderate come anomalie di inserimento, aggiornamento e cancellazione. Le regole di normalizzazione dividono le tabelle più grandi in tabelle più piccole e le collegano utilizzando le relazioni.

Lo scopo della normalizzazione in SQL è eliminare i dati ridondanti (ripetitivi) e garantire che i dati vengano archiviati in modo logico. L'inventore del modello relazionale Edgar Codd propose la teoria della normalizzazione dei dati con l'introduzione della prima forma normale e continuò ad estenderla con la seconda e, successivamente con la terza forma normale. In seguito, si è unito a Raymond F. Boyce per sviluppare la teoria della forma normale di Boyce-Codd.

Forme normali del database

Ecco un elenco di forme normali

- 1NF (prima forma normale)
- 2NF (seconda forma normale)
- 3NF (Terza forma normale)
- BCNF (forma normale di Boyce-Codd)
- 4NF (Quarta forma normale)
- 5NF (quinta forma normale)
- 6NF (sesta forma normale)

Nella maggior parte delle applicazioni pratiche, la normalizzazione dà il meglio di sé nella 3a forma normale.

Ecco le regole della 1NF (prima forma normale):

- Ogni cella della tabella deve contenere un singolo valore.
- Ogni record deve essere unico.

Una chiave (KEY) è un valore utilizzato per identificare un record in una tabella in modo univoco. Una KEY può essere una singola colonna o una combinazione di più colonne.

Nota bene: le colonne in una tabella che non vengono utilizzate per identificare un record in modo univoco sono chiamate colonne e non chiavi. Tuttavia, esistono delle chiavi particolari dette primarie.

Una chiave primaria è un valore di una singola colonna utilizzato per identificare un record di database in modo univoco e ha i seguenti attributi:

- Una chiave primaria non può essere NULL
- Un valore di chiave primaria deve essere univoco

- I valori della chiave primaria dovrebbero essere modificati raramente
- Alla chiave primaria deve essere assegnato un valore quando viene inserito un nuovo record

Una chiave composita è una chiave primaria composta da più colonne utilizzate per identificare un record in modo univoco.

Pertanto, abbiamo bisogno di almeno due colonne per identificare un record in modo univoco.

Passiamo alle regole della 2NF (Seconda forma normale):

- Essere in 1NF
- Chiave primaria a colonna singola

Per rispettare questa forma, talvolta, è necessario dividere la tabella in più tabelle soprattutto per rispettare la seconda condizione ed evitare chiavi composite. In tal caso si ricorre all'uso di un identificativo univoco per ogni record in ogni tabella.

Questo riporta ad una chiave esterna ovvero un riferimento alla chiave primaria di un'altra tabella. Ecco le sue caratteristiche:

- Una chiave esterna può avere un nome diverso dalla sua chiave primaria

- Assicura che le righe in una tabella abbiano righe corrispondenti in un'altra

- A differenza della chiave primaria, non devono essere univoche e infatti spesso non lo sono

- Le chiavi esterne possono essere nulle

Perché hai bisogno di una chiave esterna? Con una chiave esterna sarai in grado di inserire solo valori nella tua chiave esterna che esistono nella chiave univoca nella tabella di riferimento. Questo vincolo ti aiuta molto nel garantire l'integrità referenziale.

Qualora qualcuno cercasse di inserire un valore che non esiste nella tabella di riferimento, verrebbe mostrato un errore!

Prima di passare alla terza forma di normalizzazione è importante sapere cos'è una dipendenza funzionale transitiva. Essa si verifica quando si cambia una colonna che non è chiave e questo cambiamento può causare l'aggiornamento di un'altra colonna non chiave.

La terza forma normale prevede, infatti, che:

- sia rispettata la 2NF

- non ci siano dipendenze funzionali transitive

Nei database complessi sono normalmente necessari diversi sforzi per passare ai livelli successivi di normalizzazione dei dati. Tutto dipende da quanto siano ridondanti i dati e da quanto siano grandi e complesse le tabelle.

Capitolo 7: Recuperare i dati

L'istruzione SELECT consente di leggere i dati da una o più tabelle. Per scrivere un'istruzione SELECT in MySQL, segui questa sintassi:

```
SELECT colonna FROM nome_tabella;
```

Diamo un'occhiata a ciascuna parte della dichiarazione. Innanzitutto, si inizia con la parola chiave SELECT, che ha un significato speciale in MySQL. In questo caso, SELECT ordina a MySQL di recuperare i dati.

Successivamente, c'è uno spazio e quindi un elenco di colonne o espressioni che desideri mostrare nel risultato. Quindi, si trova la parola chiave FROM, lo spazio e il nome della tabella.

Infine, hai un punto e virgola alla fine della dichiarazione che è il delimitatore dell'istruzione, quindi, specifica la fine di un'istruzione. Se hai due o più istruzioni, usa il punto e virgola per separarle in modo che MySQL esegua ogni istruzione individualmente.

In questa istruzione, SELECT e FROM sono parole chiave e scritte con lettere maiuscole. Fondamentalmente, si tratta solo di formattazione ma le lettere maiuscole fanno risaltare le parole chiave. Poiché SQL non è un linguaggio che fa distinzione tra maiuscole e minuscole, puoi scrivere le parole chiave in minuscolo, ad esempio select e from, Il codice verrà comunque eseguito.

È anche importante notare che la parola chiave FROM si può trovare su una nuova riga anche se MySQL non lo richiede.

Tuttavia, l'inserimento della parola chiave FROM su una nuova riga rende la query più facile da leggere e più semplice da gestire.

Se volessimo recuperare tutte le righe di una tabella potremmo usare l'operatore *:

```
SELECT * FROM CLIENTE;
```

Questo operatore è denominato "star" o "seleziona tutto" proprio perché si selezionano tutti i dati da una tabella.

È buona norma utilizzare SELECT * solo per le query ad hoc. Se incorpori l'istruzione SELECT nel codice come PHP, Java, Python, Node.js, devi specificare esplicitamente il nome delle colonne da cui desideri ottenere i dati per i seguenti motivi:

- SELECT * restituisce i dati dalle colonne, compresi quelli che potresti non utilizzare. Produce flussi di I / O non necessari e traffico di rete tra il server di database MySQL e l'applicazione.

- Quando si specificano esplicitamente i nomi delle colonne, il set di risultati è prevedibile e più facile da gestire. Tuttavia, se utilizzi SELECT * e qualcuno cambia la tabella aggiungendo più colonne, ti ritroverai con un set di risultati diverso da quello che ti aspettavi.

- L'utilizzo di SELECT * può esporre informazioni sensibili a utenti non autorizzati.

Ordinamento

Puoi scegliere di ordinare i risultati in ordine ascendente o discendente in base ai valori di una colonna:

```
SELECT Nome FROM CLIENTE ORDER BY Nome
ASC;
```

In questo caso la ORDER BY consente l'ordinamento mentre ASC indica che i valori più bassi saranno in cima quindi l'ordinamento sarà dalla A alla Z. Per avere un ordinamento contrario, dalla Z alla A, è sufficiente usare la parola chiave DESC dopo la clausola ORDER BY.

È possibile ordinare anche in base a più colonne semplicemente separandole con una virgola come segue:

```
SELECT Nome FROM CLIENTE ORDER BY Nome,
Cognome ASC;
```

Limitare i risultati

La clausola LIMIT viene utilizzata nell'istruzione SELECT per limitare il numero di righe da restituire. La clausola LIMIT accetta uno o due argomenti e i valori di entrambi gli argomenti devono essere zero o numeri interi positivi.

Di seguito viene illustrata la sintassi della clausola LIMIT con due argomenti:

```
SELECT

    colonne

FROM

    nome_tabella

LIMIT [offset,] numero_righe;
```

In questa sintassi: l'offset specifica l'indice della prima riga da restituire. Ricorda che l'offset della prima riga è 0, non 1.

Il numero_righe specifica il numero massimo di righe da restituire.

Quando si utilizza la clausola LIMIT con un solo argomento, MySQL utilizzerà questo argomento per determinare il numero massimo di righe da restituire dalla prima riga del set di risultati.

Capitolo 8: Operatori relazionali

SQL è un linguaggio di query per database relazionali. Nei capitoli precedenti, abbiamo usato solo una tabella. È ora il momento di inserire la parte relazionale del database. Dopo tutto, i database relazionali sono così denominati perché sono costituiti da più tabelle correlate.

Poiché i dati in un database relazionale sono distribuiti su più tabelle, una query in genere estrae i dati da più di una tabella. SQL: 2003 dispone di operatori che combinano dati da più origini in un'unica tabella dei risultati. Questi sono gli operatori UNION, INTERSECT e MINUS, nonché una famiglia di operatori JOIN. Ogni operatore combina i dati di più tabelle in modo diverso.

UNION

L'operatore UNION è l'implementazione SQL dell'equivalente operatore dell'algebra relazionale. L'operatore UNION consente di trarre informazioni da due o più tabelle che hanno la stessa struttura. Avere la stessa struttura significa che le tabelle devono avere tutte lo stesso numero di colonne.

Le colonne corrispondenti devono avere tutte le stesse lunghezze e tipi di dati. Quando questi criteri sono soddisfatti, le tabelle sono compatibili con l'unione.

L'unione delle due tabelle ti darà una tabella dei risultati virtuale contenente tutte le righe nella prima tabella più tutte le righe nella seconda tabella. L'operatore UNION DISTINCT funziona in modo identico all'operatore UNION senza la parola chiave

DISTINCT. In entrambi i casi le righe duplicate vengono eliminate dal set di risultati.

Come accennato in precedenza, l'operazione UNION normalmente elimina tutte le righe duplicate risultanti dalla sua operazione, che è il risultato desiderato la maggior parte delle volte. A volte, tuttavia, potresti voler conservare le righe duplicate, in tal caso, usa UNION ALL.

```
SELECT * FROM TABELLA1

UNION ALL

SELECT * FROM TABELLA2;
```

INTERSECT

L'operatore INTERSECT è un operatore che restituisce solo righe distinte di due query o più query. Di seguito viene illustrata la sintassi dell'operatore INTERSECT:

```
(SELECT colonna FROM TABELLA1)

INTERSECT

(SELECT colonna FROM TABELLA2)
```

L'operatore INTERSECT confronta i set di risultati di due query e restituisce le righe distinte che vengono emesse da entrambe le query. Per utilizzare l'operatore INTERSECT per due query, segui queste regole:

- L'ordine e il numero di colonne nell'elenco di selezione delle query devono essere gli stessi

- I tipi di dati delle colonne corrispondenti devono essere compatibili

MINUS

MINUS confronta i risultati di due query e restituisce righe distinte dal set di risultati della prima query che non viene visualizzato nel set di risultati della seconda query. Di seguito viene illustrata la sintassi dell'operatore MINUS:

```
(SELECT colonna1 FROM TABELLA1)

MINUS

(SELECT colonna2 FROM TABELLA2)
```

Le regole di base per una query che utilizza l'operatore MINUS sono le seguenti:

- Il numero e l'ordine delle colonne sia in colonna1 che in colonna2 devono essere gli stessi.

- I tipi di dati delle colonne corrispondenti in entrambe le query devono essere compatibili.

JOIN

Gli operatori UNION, INTERSECT e MINUS sono utili nei database a più tabelle in cui le tabelle sono compatibili con l'unione. In molti casi, tuttavia, si desidera trarre dati da più tabelle che hanno ben poco in comune. JOIN è un operatore relazionale che combina i dati di più tabelle in un'unica tabella dei risultati.

Le tabelle di origine possono avere poco (o addirittura nulla) in comune tra loro e SQL:2003 supporta diversi tipi di JOIN. La JOIN migliore in una determinata situazione dipende dal risultato che stai cercando di ottenere.

Qualsiasi query tra più tabelle è un tipo di JOIN. Le tabelle di origine vengono unite nel senso che la tabella dei risultati include le informazioni prese da tutte le tabelle di origine. La JOIN più semplice è una SELECT a due tabelle che non ha qualificatori della clausola WHERE. Ogni riga della prima tabella è unita a ogni riga della seconda tabella. La tabella dei risultati è il prodotto cartesiano delle due tabelle di origine.

Il numero di righe nella tabella dei risultati è uguale al numero di righe nella prima tabella sorgente moltiplicato per il numero di righe nella seconda sorgente tavolo. Ad esempio, immagina di essere il responsabile del personale di un'azienda e che parte del tuo lavoro consista nel mantenere i registri dei dipendenti.

La maggior parte dei dati dei dipendenti, come l'indirizzo di casa e il numero di telefono, non è particolarmente sensibile. Ma alcuni dati, come lo stipendio, dovrebbero essere disponibili solo al personale autorizzato. Per mantenere la sicurezza delle informazioni sensibili, puoi tenerle in una tabella separata protetta da password.

Quando cerchi di ottenere informazioni utili da un database con più tabelle, il prodotto cartesiano prodotto da una JOIN di base non è quasi mai quello che desideri, ma è quasi sempre il primo passo verso ciò che desideri. Applicando vincoli ad una JOIN con una clausola WHERE, è possibile filtrare le righe indesiderate:

```
SELECT *
FROM IMPIEGATO, COMPENSI
WHERE IMPIEGATO.ImpID =
COMPENSI.Impiegato;
```

Abbiamo appena creato una equi-join ovvero una join di base con una clausola WHERE contenente una condizione che specifica che il valore in una colonna della prima tabella deve essere uguale al valore di una colonna corrispondente nella seconda tabella.

Capitolo 9: Sicurezza

Un amministratore di sistema deve avere una conoscenza speciale di come funziona un database. La persona responsabile di un database può determinare chi ha accesso al database e può impostare i livelli di accesso degli utenti, concedendo o revocando l'accesso ad utenti del sistema. L'amministratore di sistema può anche concedere - o revocare - il diritto di concedere e revocare i privilegi di accesso.

Se usati correttamente, gli strumenti di sicurezza forniti da SQL sono potenti protettori di dati importanti. Utilizzati in modo errato, questi stessi strumenti possono legare gli sforzi degli utenti legittimi a un grosso nodo burocratico quando stanno semplicemente cercando di svolgere il proprio lavoro.

Poiché i database spesso contengono informazioni sensibili che non dovresti rendere disponibili a tutti, SQL fornisce diversi livelli di accesso, da completo a nessuno, con diversi livelli intermedi. Controllando le operazioni che ogni utente autorizzato può eseguire, l'amministratore del database può rendere disponibili tutti i dati di cui gli utenti hanno bisogno per svolgere il proprio lavoro, ma limitare l'accesso a parti del database che non tutti dovrebbero vedere o modificare.

Le istruzioni SQL utilizzate per creare database formano un gruppo noto come Data Definition Language (DDL). Dopo aver creato un database, è possibile utilizzare un altro set di istruzioni SQL, note collettivamente come DML (Data

Manipulation Language), per aggiungere, modificare e rimuovere i dati dal database.

SQL include istruzioni aggiuntive che non rientrano in nessuna di queste categorie. I programmatori a volte si riferiscono a queste istruzioni collettivamente come DCL (Data Control Language). Le istruzioni DCL proteggono principalmente il database da accessi non autorizzati, da interazioni dannose tra più utenti di database e da interruzioni di corrente e malfunzionamenti delle apparecchiature.

SQL:2003 fornisce l'accesso controllato a nove funzioni di gestione del database:

- Creazione, visualizzazione, modifica ed eliminazione: queste funzioni corrispondono alle operazioni INSERT, SELECT, UPDATE e DELETE.

- Riferimenti: la parola chiave REFERENCES implica l'applicazione di vincoli di integrità referenziale a una tabella che dipende da un'altra tabella nel database.

- Utilizzo: la parola chiave USAGE riguarda domini, set di caratteri, regole di confronto e traduzioni.

- Definizione di nuovi tipi di dati: gestisci i nomi dei tipi definiti dall'utente con la parola chiave UNDER.

- Risposta a un evento: l'uso della parola chiave TRIGGER causa l'esecuzione di un'istruzione SQL o di un blocco di istruzioni ogni volta che si verifica un evento predeterminato.

- Esecuzione: l'utilizzo della parola chiave EXECUTE provoca l'esecuzione di una routine.

DBA

Nella maggior parte delle installazioni con più di pochi utenti, l'autorità suprema del database è l'amministratore del database (DBA). Il DBA dispone di tutti i diritti e privilegi per tutti gli aspetti del database. Essere un DBA può darti una sensazione di potere e responsabilità ma con tutta quella potenza a tua disposizione, puoi facilmente rovinare il tuo database e distruggere migliaia di ore di lavoro.

Gli amministratori di database devono pensare in modo chiaro e attento alle conseguenze di ogni azione che eseguono. Il DBA non solo ha tutti i diritti sul database ma controlla anche i diritti di cui dispongono gli altri utenti. In questo modo, le persone altamente affidabili possono accedere a più funzioni e, forse, a più tabelle, rispetto alla maggior parte degli utenti. Il modo migliore per diventare un DBA è installare il sistema di gestione del database.

Durante l'installazione viene fornito un account, o login, e una password. Tale login ti identifica come utente con privilegi speciali.

A volte, il sistema chiama questo utente privilegiato DBA, a volte amministratore di sistema e talvolta il superutente (utente root).

Come primo atto ufficiale dopo l'accesso, dovresti cambiare la tua password da quella predefinita con una segreta di tua proprietà. Se non modifichi la password, chiunque legga il manuale può accedere anche con i privilegi di DBA completi. Dopo aver modificato la password, solo le persone che conoscono la nuova password possono accedere come DBA.

Ti suggerisco di condividere la nuova password DBA solo con un numero limitato di persone altamente affidabili. Dopotutto, potresti vincere alla lotteria oppure potresti non essere disponibile per l'azienda in qualche altro modo quindi i tuoi colleghi devono essere in grado di andare avanti in tua assenza.

Chiunque conosca la login e la password del DBA diventa il DBA dopo aver utilizzato tali informazioni per accedere al sistema. Se si dispone dei privilegi DBA, devi accedere come DBA solo se è necessario eseguire un'attività specifica che richiede privilegi DBA. Al termine dell'attività ti consiglio di disconnetterti.

Per il lavoro di routine, accedi utilizzando l'ID di accesso e la password personali. Questo approccio potrebbe impedirti di commettere errori che hanno gravi conseguenze per le tabelle di altri utenti (oltre che per le tue).

Proprietario del DB

Un'altra classe di utenti privilegiati, insieme al DBA, è il proprietario dell'oggetto database. Le tabelle, ad esempio, sono oggetti di database e qualsiasi utente che crea un tale oggetto può specificarne il proprietario.

Il proprietario di una tabella gode di tutti i privilegi possibili associati a quella tabella, incluso il privilegio di concedere l'accesso alla tabella ad altre persone.

Poiché puoi impostare la visualizzazione sulle tabelle sottostanti, qualcuno diverso dal proprietario di una tabella può creare una visualizzazione basata sulla tabella di quel proprietario.

Tuttavia, il proprietario riceve solo i privilegi che normalmente ha per la tabella sottostante.

Capitolo 10: Proteggere i dati

Tutti hanno sentito parlare della Legge di Murphy – che di solito affermava: "Se qualcosa può andare storto, lo farà". Scherziamo su questa pseudo-legge perché la maggior parte delle volte le cose vanno bene. A volte, ci sentiamo fortunati perché non siamo toccati da una delle leggi fondamentali dell'universo. Quando sorgono problemi imprevisti, di solito riconosciamo cosa è successo e lo affrontiamo.

In una struttura complessa, il potenziale di problemi imprevisti aumenta (un matematico potrebbe dire che "aumenta approssimativamente come il quadrato della complessità"). Pertanto, i progetti software di grandi dimensioni vengono quasi sempre consegnati in ritardo e spesso sono carichi di bug. Un'applicazione DBMS multiutente e non banale è una struttura ampia e complessa.

Nel corso dell'operazione molte cose possono andare storte. Sono stati sviluppati metodi per ridurre al minimo l'impatto di questi problemi ma i problemi non possono mai essere eliminati completamente. Questa è una buona notizia per gli addetti alla manutenzione e riparazione di database professionali, perché probabilmente non sarà mai possibile automatizzarli senza lavoro.

I dati possono essere danneggiati o corrotti in vari modi. Anche istruzioni SQL formulate in modo inadeguato e applicazioni progettate in modo improprio possono danneggiare i dati e capire come non richiede molta immaginazione.

Due minacce relativamente ovvie - instabilità della piattaforma e guasti alle apparecchiature - possono anche cestinare i tuoi dati. Entrambi i rischi sono descritti in dettaglio in questa sezione, così come i problemi che possono essere causati dall'accesso simultaneo.

Instabilità della piattaforma

L'instabilità della piattaforma è una categoria di problemi che non dovrebbe nemmeno esistere, ma purtroppo esiste. È più diffusa quando si eseguono uno o più componenti nuovi e relativamente non provati nel sistema. I problemi possono nascondersi in una nuova versione di DBMS, una nuova versione del sistema operativo o un nuovo hardware. Condizioni o situazioni che non sono mai apparse prima si manifestano mentre esegui un lavoro critico, il tuo sistema si blocca e i tuoi dati sono danneggiati.

In tal caso non puoi fare molto se non sperare che il tuo ultimo backup sia stato buono. Non eseguire mai lavori di produzione importanti su un sistema con componenti non provate. Resisti alla tentazione di dedicare il tuo lavoro a una versione beta non testata della versione più recente e più ricca di funzioni del tuo DBMS o sistema operativo.

Se devi acquisire esperienza pratica con qualcosa di nuovo, fallo su una macchina completamente isolata dalla rete di produzione.

Malfunzionamento

Anche apparecchiature ben collaudate e altamente affidabili a volte si guastano, perdendo i dati. Tutto ciò che è fisico alla fine si logora, anche i computer moderni a stato solido. Se un tale errore si verifica mentre il database è aperto e attivo, è possibile perdere dati e talvolta (anche peggio) non rendersene conto.

Un tale fallimento accadrà prima o poi. Se la legge di Murphy sarà in vigore quel giorno, il fallimento avverrà nel momento peggiore possibile. Un modo per proteggere i dati dai guasti alle apparecchiature è la ridondanza. Conserva copie extra di tutto. Per la massima sicurezza, fai in modo che l'hardware duplicato sia configurato esattamente come il tuo sistema di produzione.

Cerca di avere sempre dei backup di database e applicazioni che possono essere caricati ed eseguiti quando necessario.

Se i vincoli di costo ti impediscono di duplicare tutto (il che raddoppia effettivamente i costi), assicurati almeno di eseguire il backup del database e delle applicazioni abbastanza frequentemente in modo che un errore imprevisto non richieda di reinserire una grande quantità di dati.

Un altro modo per evitare le peggiori conseguenze dei guasti alle apparecchiature è utilizzare l'elaborazione delle transazioni. Una transazione è un'unità di lavoro indivisibile in modo tale che o viene eseguita l'intera transazione o non viene eseguito nulla.

Se questo approccio tutto o niente sembra drastico, ricorda che i problemi peggiori sorgono quando una serie di operazioni di database viene elaborata solo parzialmente.

Transazioni

È possibile prendere precauzioni a diversi livelli per ridurre le possibilità di perdere dati a causa di qualche incidente o interazione imprevista. Puoi impostare il tuo DBMS per prendere alcune di queste precauzioni per te.

Come angeli custodi, le azioni precauzionali che intraprendi ti proteggono dal male e operano dietro le quinte; non li vedi e probabilmente non sai nemmeno che ti stanno aiutando. L'amministratore del database (DBA) può prendere altre precauzioni a sua discrezione.

In qualità di sviluppatore, puoi prendere precauzioni mentre scrivi il codice. Per evitare molti problemi, prendi l'abitudine di aderire automaticamente ad alcuni semplici principi in modo che siano sempre inclusi nel tuo codice o nelle tue interazioni con il tuo database:

- Usa transazioni SQL
- Adatta il livello di isolamento per bilanciare prestazioni e protezione
- Devi sapere quando e come impostare le transazioni, bloccare gli oggetti del database ed eseguire i backup

La transazione è uno dei principali strumenti di SQL per mantenere l'integrità del database. Una transazione SQL incapsula tutte le istruzioni SQL che possono avere un effetto sul database. Una transazione SQL viene completata con un'istruzione COMMIT o ROLLBACK: se la transazione termina con un COMMIT, gli effetti di tutte le istruzioni nella transazione vengono applicati al database in una sequenza rapida. Se la transazione termina con un ROLLBACK, gli effetti di tutte le istruzioni vengono annullati (ovvero annullati) e il database torna allo stato in cui si trovava prima dell'inizio della transazione.

In questo caso, il termine "applicazione" indica l'esecuzione di un programma (sia scritto in Java, C o qualsiasi altro linguaggio di programmazione) o una serie di azioni eseguite su un terminale durante un singolo accesso.

Un'applicazione può includere una serie di transazioni SQL. La prima transazione SQL inizia all'avvio dell'applicazione; l'ultima transazione SQL termina quando termina l'applicazione. Ogni COMMIT o ROLLBACK eseguito dall'applicazione termina una transazione SQL e inizia la successiva. Viene utilizzata la "transazione SQL" perché l'applicazione potrebbe utilizzare altri servizi (come l'accesso alla rete) che eseguono altri tipi di transazioni.

Una normale transazione SQL ha una modalità di accesso che è READ-WRITE o READ-ONLY; ha un livello di isolamento SERIALIZABLE, REPEATABLE READ, READ COMMITTED o READ UNCOMMITTED. È possibile avere più istruzioni SET TRANSACTION in un'applicazione, ma è possibile specificarne solo una in ciascuna transazione e deve essere la prima istruzione SQL eseguita nella transazione.

Se si desidera utilizzare un'istruzione SET TRANSACTION, bisogna eseguirla all'inizio dell'applicazione o dopo un COMMIT o ROLLBACK. È necessario eseguire una TRANSAZIONE SET all'inizio di ogni transazione per la quale si desiderano proprietà non predefinite, poiché a ogni nuova transazione dopo un COMMIT o ROLLBACK vengono assegnate automaticamente le proprietà predefinite.

Un'istruzione SET TRANSACTION può anche specificare una DIAGNOSTICS SIZE, che determina il numero di condizioni di errore per le quali l'implementazione deve essere preparata per salvare le informazioni. Un tale limite numerico è necessario perché un'implementazione può rilevare più di un errore durante un'istruzione.

L'impostazione predefinita SQL per questo limite è definita dall'implementazione e tale impostazione predefinita è quasi sempre adeguata.

Backup

Il backup è un'azione protettiva che il DBA dovrebbe eseguire regolarmente. È necessario eseguire il backup di tutti gli elementi del sistema a intervalli che dipendono dalla frequenza con cui vengono aggiornati. Se il database viene aggiornato quotidianamente, è necessario eseguirne il backup quotidianamente.

Anche le applicazioni, i moduli e i report possono cambiare, sebbene meno frequentemente. Ogni volta che si apportano modifiche, l'amministratore di database dovrebbe eseguire il backup delle nuove versioni e conservare diverse generazioni di backup.

A volte, i danni al database non diventano evidenti finché non è trascorso un po' di tempo. Per tornare all'ultima versione valida, potrebbe essere necessario tornare indietro di diverse versioni di backup.

Esistono molti modi diversi per eseguire i backup:

- utilizzare SQL per creare tabelle di backup e copiare i dati in esse.
- utilizzare un meccanismo definito dall'implementazione che esegue il backup dell'intero database o di parti di esso. Questo meccanismo è generalmente più conveniente ed efficiente rispetto all'utilizzo di SQL.
- La tua installazione potrebbe disporre di un meccanismo per eseguire il backup di tutto, inclusi database, programmi, documenti, fogli di calcolo, utilità e giochi per computer. In tal caso, potresti non dover fare altro che assicurarti che i backup vengano

eseguiti abbastanza frequentemente da proteggerti.

Potresti sentire i progettisti di database dire che vogliono che i loro database rispettino le proprietà ACID, di cosa si tratta?

ACID è semplicemente l'acronimo di Atomicity, Consistency, Isolation e Durability. Queste quattro caratteristiche sono necessarie per proteggere un database:

- Atomicità: le transazioni del database dovrebbero essere atomiche, nel senso classico del termine: l'intera transazione è trattata come un'unità indivisibile. Viene eseguita nella sua interezza (commit) oppure il database viene ripristinato (rollback) allo stato in cui sarebbe stato se la transazione non fosse stata eseguita.

- Consistenza: stranamente, il significato di coerenza non è coerente; varia da un'applicazione all'altra. Quando trasferisci fondi da un conto a un altro in un'applicazione bancaria, ad esempio, vuoi che l'importo totale di denaro in entrambi i conti alla fine della transazione sia lo stesso che era all'inizio della transazione. In un'applicazione diversa, il tuo criterio di coerenza potrebbe essere diverso.

- Isolamento: idealmente, le transazioni del database dovrebbero essere totalmente isolate dalle altre transazioni che vengono eseguite contemporaneamente. Se le transazioni sono serializzabili, si ottiene un isolamento totale. Se il sistema deve elaborare le transazioni alla massima velocità, a volte livelli di isolamento inferiori possono migliorare le prestazioni.

- Durata: dopo il commit o il rollback di una transazione, dovresti essere in grado di contare sul fatto che il database sia nello stato corretto: fornito di dati non danneggiati, affidabili e aggiornati. Anche se il sistema subisce un arresto anomalo dopo un commit ma prima che la transazione venga archiviata su disco, un DBMS durevole può garantire che, dopo il ripristino dall'arresto, il database possa essere ripristinato al suo stato corretto.

JavaScript

Premessa

In questo libro imparerai a programmare con JavaScript, il linguaggio del Web. Ma soprattutto, diventerai un programmatore, qualcuno che non solo usa i computer, ma li sa anche controllare. Dopo aver imparato a programmare, puoi far fare ai computer quello che vuoi! JavaScript è un ottimo linguaggio di programmazione da imparare perché è utilizzato ovunque. I browser Web come Chrome, Firefox e Internet Explorer utilizzano tutti JavaScript.

Con la potenza di JavaScript, i programmatori web possono trasformare le pagine da semplici documenti in applicazioni e giochi interattivi in piena regola ma non sei limitato alla creazione di pagine web.

JavaScript può essere eseguito anche su server Web per creare interi siti Web e può anche essere utilizzato per controllare robot e altro hardware!

Questo libro è per chiunque voglia imparare JavaScript o voglia iniziare a programmare per la prima volta. Il libro è progettato per i principianti e con questo libro svilupperai gradualmente la tua conoscenza di JavaScript, iniziando con i tipi di dati semplici di JavaScript, prima di passare a tipi complessi, strutture di controllo e funzioni.

Dopodiché imparerai a scrivere codice JavaScript e lungo la strada, troverai alcuni esempi e suggerimenti per ampliare le tue capacità di programmazione e mettere a frutto ciò che hai imparato.

Ti consiglio di leggere in ordine il libro! Potrebbe sembrare una cosa sciocca ma molte persone vogliono passare direttamente alle cose divertenti, come creare giochi. Ogni capitolo ha lo scopo di costruire su ciò che è stato trattato nei capitoli precedenti, quindi se segui il percorso, avrai la strada spianata quando arriverai creerai i tuoi giochi.

I linguaggi di programmazione sono come le lingue parlate: devi imparare la grammatica e il vocabolario, questo richiede tempo. L'unico modo per migliorare è scrivere (e leggere) molto codice. Man mano che scrivi sempre più codice JavaScript, scoprirai che alcune parti del linguaggio diventano una seconda lingua e alla fine diventerai "uno scrittore" JavaScript.

Mentre leggi questo libro, ti incoraggio a digitare e testare gli esempi di codice proposti. Se non capisci appieno cosa sta succedendo, prova ad apportare piccole modifiche per vedere quale effetto hanno. Se le modifiche non hanno l'effetto che ti aspettavi, vedi se riesci a scoprire il motivo e soprattutto, sii curioso e documentati. Digitare il codice che appare nel libro è un buon primo passo ma capirai la programmazione a un livello più profondo quando inizierai a scrivere il tuo codice. Se questa è una sfida interessante, continua!

Prova a riguardare le tue soluzioni dopo aver risolto completato un esercizio, in modo da poter trovare come migliorarlo ma ricorda che ci sono molte soluzioni. Esistono molti modi diversi per raggiungere lo stesso obiettivo in JavaScript, quindi non preoccuparti se ti ritroverai con soluzioni diverse che producono lo stesso risultato! Se ti imbatti in una parola e non sai cosa significa, controlla il manuale di JavaScript e troverai tutte le definizioni dei termini di programmazione che incontrerai in questo libro.

Capitolo 1: Cos'è JavaScript

I computer sono macchine incredibilmente potenti, in grado di eseguire imprese incredibili come giocare a scacchi in modo automatico, servire migliaia di pagine web o eseguire milioni di calcoli complessi in meno di pochi secondi. Ma in fondo, i computer sono in realtà piuttosto stupidi perché possono fare esattamente ciò che noi esseri umani diciamo loro di fare. Diciamo ai computer come comportarsi utilizzando programmi per computer, che sono solo una serie di istruzioni che i computer devono seguire.

Senza programmi, i computer non possono fare nulla! Ancora peggio, i computer non possono capire l'inglese o qualsiasi altra lingua del mondo (senza programmi).

I programmi per computer sono scritti in un linguaggio di programmazione, ad esempio JavaScript. Potresti non aver mai sentito parlare di JavaScript prima, ma l'hai sicuramente usato. Il linguaggio di programmazione JavaScript viene utilizzato per scrivere programmi che vengono eseguiti nelle pagine Web. JavaScript può controllare l'aspetto di una pagina web o far sì che la pagina risponda quando un utente fa clic su un pulsante o sposta il mouse.

Siti come Gmail, Facebook e Twitter utilizzano JavaScript per semplificare l'invio di e-mail, la pubblicazione di commenti o la navigazione all'interno dei siti Web. Ad esempio, quando navighi su Twitter e vedi più tweet nella parte inferiore della pagina mentre scorri verso il basso, è tutto merito di JavaScript.

JavaScript ti consente anche di riprodurre musica e creare effetti visivi sorprendenti, tuttavia, JavaScript non è l'unico linguaggio di programmazione disponibile, infatti esistono letteralmente centinaia di linguaggi di programmazione.

D'altra parte, ci sono molte ragioni per cui imparare JavaScript. Per prima cosa, è molto più facile (e più divertente) da imparare rispetto a molti altri linguaggi di programmazione. Ma forse la cosa migliore di tutte, è che per scrivere ed eseguire programmi JavaScript, tutto ciò di cui hai bisogno è un browser web come Internet Explorer, Mozilla Firefox o Google Chrome. Ogni browser web è dotato di un interprete JavaScript che comprende come leggere i programmi JavaScript.

Una volta che hai scritto un programma JavaScript, puoi inviare alle persone un link ad esso e loro possono eseguirlo anche in un browser web sul proprio computer!

Scriviamo un po' di semplice JavaScript in Google Chrome. Installa Chrome sul tuo computer (se non è già installato), quindi aprilo e digita `about:blank` nella barra degli indirizzi. Ora premi INVIO e vedrai una pagina vuota. Inizieremo a codificare nella console JavaScript di Chrome, che è un modo con cui i programmatori possono testare brevi programmi JavaScript.

Su Microsoft Windows o Linux, tieni premuti i tasti CTRL + MAIU3C c promi J. Su Mac OS, tieni premuti i tasti COMMAND + OPTION e premi J. Se hai fatto tutto correttamente, dovresti vedere una pagina web vuota e, sotto quello, una console ed è lì che scriverai codice JavaScript! Quando si immette il codice nella console e si preme INVIO, JavaScript dovrebbe eseguire il codice e visualizzare il risultato (se presente) nella riga successiva.

Ad esempio, digita questo nella console:

3 + 4;

Ora premi INVIO. JavaScript dovrebbe restituire la risposta (7) nella riga seguente:

3 + 4;

7

Bene, è abbastanza facile. Ma JavaScript è solo una calcolatrice? Ovvio che no, proviamo qualcos'altro nel prossimo capitolo.

Struttura di un programma

Creiamo qualcosa di un po' più banale: un programma JavaScript per stampare una serie di simboli che somiglino alle facce di un gatto: =^.^=

A differenza del nostro programma precedente, questo occuperà più righe e per digitare il programma nella console, dovrai aggiungere nuove righe premendo MAIUSC-INVIO alla fine di ogni riga. (Se premi semplicemente INVIO, Chrome proverà ad eseguire ciò che hai scritto e il programma non funzionerà come previsto.

Digita questo nella console del browser:

```
// Disegna alcuni gatti
var disegnaGatti = function
(numeroGatti) {
 for (var i = 0; i < numeroGatti; i++) {
  console.log(i + " =^.^=");
 }
```

```
};
disegnaGatti(10); // Puoi inserire
qualsiasi numero
```

Alla fine, premi INVIO invece di MAIUSC-
INVIO. Dovresti vedere il seguente output:

```
0 =^.^=
1 =^.^=
2 =^.^=
3 =^.^=
4 =^.^=
5 =^.^=
6 =^.^=
7 =^.^=
8 =^.^=
9 =^.^=
```

Se hai fatto degli errori di battitura, il tuo output potrebbe apparire molto diverso o potresti ricevere un errore. Questo è ciò che intendo quando dico che i computer sono stupidi perché anche un semplice pezzo di codice deve essere perfetto perché un computer capisca cosa vuoi che faccia!

Per ora non spiegherò esattamente come funziona questo codice, ma diamo un'occhiata ad alcune delle caratteristiche di questo programma e dei programmi JavaScript in generale.

Sintassi

Il nostro programma include molti simboli, tra cui parentesi `()`, punto e virgola (`;`), parentesi graffe `{}`, segno di addizione (+) e alcune parole che potrebbero sembrare misteriose all'inizio (come `var` e `console.log`). Questi fanno tutti parte della sintassi di JavaScript, ovvero le regole di JavaScript su come combinare simboli e parole per creare programmi funzionanti.

Quando impari un nuovo linguaggio di programmazione, una delle parti più complicate è abituarti alle regole su come scrivere diversi tipi di istruzioni sul computer. Quando inizi per la prima volta, è facile dimenticare quando includere le parentesi o mescolare l'ordine in cui devi includere determinati valori. Mentre ti eserciti, inizierai a capirlo. In questo libro l'approccio sarà lento, graduale e costante, introducendo nuova sintassi a poco a poco in modo da poter creare programmi sempre più potenti.

Commenti

La prima riga del codice è un po' particolare ed indica un commento. I programmatori utilizzano i commenti per facilitare la lettura e la comprensione del codice da parte di altri programmatori dato che il computer ignora completamente i commenti.

I commenti in JavaScript iniziano con due barre (//) e tutto ciò che segue le barre (sulla stessa riga) viene ignorato dall'interprete JavaScript, quindi i commenti non hanno alcun effetto su come viene eseguito un programma: sono lì solo per fornire una descrizione.

Nel codice di questo libro, vedrai commenti che descrivono ciò che sta accadendo nel codice. Mentre scrivi il tuo codice ti consiglio di aggiungere i tuoi commenti così quando guarderai il tuo codice in un secondo momento, i tuoi commenti ti ricorderanno il funzionamento del codice e cosa sta succedendo in ogni passaggio.

C'è un altro commento sul codice nell'ultima riga del nostro programma. Ricorda, tutto quello che segue // non viene eseguito dal computer!

```
disegnaGatti(10); // Puoi inserire
qualsiasi numero
```

I commenti sul codice possono essere sulla loro riga, oppure possono venire dopo il tuo codice. Se metti // prima del codice da eseguire, in questo modo:

```
//disegnaGatti(10);
```

non succederà nulla! Chrome vede l'intera riga come un commento, anche se è JavaScript. Una volta che inizi a leggere il codice JavaScript nel mondo vero, vedrai anche commenti che assomigliano a questo:

```
/*
Puoi
inserire
qualsiasi
numero
*/
```

Questo è uno stile di commento diverso, utilizzato in genere per commenti più lunghi di una riga ma fa la stessa cosa: tutto ciò che si trova tra `/*` e `*/` è un commento che il computer non eseguirà.

Capitolo 2: Tipi di dati

La programmazione consiste nel manipolare i dati, ma cosa sono i dati? I dati sono informazioni che memorizziamo nei nostri programmi per computer. Ad esempio, il tuo nome è un dato, così come la tua età. Il colore dei tuoi capelli, quanti fratelli hai, dove vivi, che tu sia maschio o femmina: questi sono tutti dati.

In JavaScript, ci sono tre tipi fondamentali di dati: numeri, stringhe e booleani. I numeri sono usati per rappresentare, beh, i numeri! Ad esempio, la tua età può essere rappresentata come un numero, così come la tua altezza. I numeri in JavaScript hanno questo aspetto: 5;

Le stringhe vengono utilizzate per rappresentare il testo. Il tuo nome può essere rappresentato come una stringa in JavaScript, così come il tuo indirizzo e-mail. Le stringhe hanno questo aspetto:

```
"Ciao, sono una stringa";
```

I booleani sono valori che possono essere veri o falsi. Ad esempio, un valore booleano su di te sarebbe se indossi gli occhiali, un altro potrebbe essere se ti piacciono i broccoli. Un booleano ha questo aspetto:

```
true;
```

Esistono diversi modi per lavorare con ogni tipo di dati. Ad esempio, puoi moltiplicare due numeri, ma non puoi moltiplicare due stringhe. Ad una stringa, puoi chiedere i primi cinque caratteri e con i booleani, puoi verificare se due valori sono entrambi veri.

Nell'esempio di codice seguente viene illustrata ciascuna di queste possibili operazioni:

```
99 * 123;
12177

"Questa è una stringa".slice(0, 4);
"Questa"

true && false;
false
```

Tutti i dati in JavaScript sono solo una combinazione di questi tipi di dati. In questo capitolo, esamineremo ogni tipo e impareremo diversi modi per lavorare con ogni tipo. Avrai notato che tutti questi comandi terminano con un punto e virgola (;). I punti e virgola segnano la fine di un particolare comando JavaScript (chiamato anche istruzione), un po' come il punto alla fine di una frase.

Capitolo 3: Numeri e operatori

JavaScript consente di eseguire operazioni matematiche di base come addizione, sottrazione, moltiplicazione e divisione. Per eseguire questi calcoli, utilizziamo rispettivamente i simboli +, -, * e /, chiamati operatori. Puoi utilizzare la console JavaScript proprio come una calcolatrice, infatti, abbiamo già visto un esempio, sommando 3 e 4.

Proviamo qualcosa di più difficile. Qual è il risultato di 12.345 + 56.789?

```
12345 + 56789;
69134
```

Non è così facile da calcolare a mente ma JavaScript lo ha calcolato in pochissimo tempo. Puoi aggiungere più numeri:

```
22 + 33 + 44;
99
```

JavaScript può anche eseguire la sottrazione: `1000 - 17;`

```
983
```

e moltiplicazione, utilizzando un asterisco:

```
123 * 456;
56088
```

così come la divisione:

```
12345/250;
49.38
```

Puoi anche combinare queste semplici operazioni per creare qualcosa di più complesso, come questo:

```
1234 + 57 * 3 - 31/4;
1397.25
```

Qui diventa un po' complicato, perché il risultato di questo calcolo dipenderà dall'ordine in cui JavaScript esegue ogni operazione. In matematica, la regola è che la moltiplicazione e la divisione avvengono sempre prima dell'addizione e della sottrazione e anche JavaScript segue questa regola.

E se volessi fare prima l'addizione e la sottrazione, rispetto alla moltiplicazione e alla divisione? Ad esempio, supponi di avere 1 fratello e 3 sorelle e 8 caramelle e vuoi dividere le caramelle equamente tra i tuoi 4 fratelli? (Hai già preso la tua parte).

Dovresti dividere 8 per il tuo numero di fratelli. Ecco un tentativo:

```
8 / 1 + 3;
11
```

Non può essere vero! Non puoi dare a ogni fratello 11 caramelle se ne hai solo 8! Il problema è che JavaScript esegue la divisione prima dell'addizione, quindi divide 8 per 1 (che è uguale a 8) e poi aggiunge 3 ottenendo 11.

Per risolvere questo problema e fare in modo che JavaScript esegua prima l'addizione, possiamo usare le parentesi:

```
8 / (1 + 3);
2
```

Le parentesi costringono JavaScript a sommare 1 e 3 prima di dividere 8 per 4.

Capitolo 4: Variabili

JavaScript consente di assegnare nomi ai valori utilizzando le variabili. Puoi pensare a una variabile come una scatola in cui puoi inserire un oggetto, se ci metti qualcos'altro, il primo oggetto scompare. Per creare una nuova variabile, utilizza la parola chiave `var`, seguita dal nome della variabile.

Una parola chiave è una parola che ha un significato speciale in JavaScript. In questo caso, quando digitiamo `var`, JavaScript sa che stiamo per inserire il nome di una nuova variabile. Ad esempio, ecco come creare una nuova variabile chiamata eta:

```
var eta;
undefined
```

Abbiamo creato una nuova variabile chiamata `eta`. La console restituisce `undefined` come risposta, ma questo non è un errore! È proprio quello che fa JavaScript ogni volta che un comando non restituisce alcun valore.

Che cos'è un valore di ritorno? Ad esempio, quando hai digitato `12345 + 56789;`, la console ha restituito il valore `69134`. La creazione di una variabile in JavaScript non restituisce un valore, quindi l'interprete stampa `undefined`. Per assegnare un valore alla variabile, utilizza il segno di uguale (`=`):

```
var eta = 12;
```

```
undefined
```

L'impostazione di un valore è chiamata assegnazione (stiamo assegnando il valore 12 alla variabile `eta`). Di nuovo, viene stampato `undefined`, perché stiamo creando un'altra nuova variabile. (Nel resto dei miei esempi, non mostrerò l'output quando non è definito.) La variabile `eta` è ora nel nostro interprete e impostata sul valore 12, ciò significa che se digiti `eta` da solo, l'interprete mostrerà tu il suo valore:

```
eta;
12
```

Fantastico! Il valore della variabile, però, non è scolpito nella pietra (si chiamano variabili perché possono variare), e se vuoi aggiornarlo, usa di nuovo il simbolo (`=`):

```
eta = 13;

13
```

Questa volta non ho utilizzato la parola chiave `var`, perché la variabile `eta` esiste già. È necessario utilizzare `var` solo quando si desidera creare una variabile, non quando si desidera modificare il valore di una variabile. Nota bene, poiché non stiamo creando una nuova variabile, il valore 13 viene restituito dall'assegnazione e stampato nella riga successiva. Questo esempio leggermente più complesso risolve il problema delle caramelle di prima, senza parentesi:

```
var numeroFratelli = 1 + 3;
var numeroCaramelle = 8;
numeroCaramelle / numeroFratelli;
2
```

Per prima cosa creiamo una variabile chiamata numeroFratelli e le assegniamo il valore di 1 + 3 (che in JavaScript risulta essere 4). Quindi creiamo la variabile numeroCaramelle e le assegniamo 8. Infine, effettuiamo la divisione e JavaScript ci restituisce 2.

Fai attenzione ai nomi delle variabili, perché è facile sbagliarli. Anche se usi una lettera maiuscola o minuscola fuori posto, l'interprete JavaScript non saprà cosa intendi! Ad esempio, se hai accidentalmente utilizzato una c minuscola in `numeroCaramelle`, riceverai un errore del tipo

```
ReferenceError: numerocaramelle is not
defined
```

Sfortunatamente, JavaScript farà esattamente ciò che gli chiedi di fare. Se sbagli a scrivere il nome di una variabile, JavaScript non ha idea di cosa intendi e mostrerà un messaggio di errore.

Un'altra cosa complicata dei nomi delle variabili in JavaScript è che non possono contenere spazi, il che significa che possono essere difficili da leggere. Avrei potuto chiamare la mia variabile `numerodicaramelle` senza lettere maiuscole, il che lo rende ancora più difficile da leggere perché non è chiaro dove finiscono le parole.

Un modo comune per aggirare questo problema è iniziare ogni parola con una lettera maiuscola come in `NumeroDiCaramelle`. Questa convenzione è chiamata CamelCase perché ricorda le gobbe di un cammello e la convenzione vuole che le variabili inizino con una lettera minuscola, per poi scrivere in maiuscolo ogni parola tranne la prima, in questo modo: `numeroDiCaramelle`.

Definiamo qualche nuova variabile sfruttando la matematica, ad esempio, puoi utilizzare le variabili per scoprire quanti secondi ci sono in un anno. Cominciamo trovando il numero di secondi in un'ora. Per prima cosa creiamo due nuove variabili chiamate `secondiInUnMinuto` e `minutiInUnOra` con valore pari a 60 (perché, come sappiamo, ci sono 60 secondi in un minuto e 60 minuti in un'ora). Quindi creiamo una variabile chiamata `secondiInUnOra` e impostiamo il suo valore sul risultato della moltiplicazione di `secondiInUnMinuto` e `minutiInUnOra`.

Passiamo al codice:

```
var secondiInUnMinuto = 60;
var minutiInUnOra = 60;
var secondiInUnOra = secondiInUnMinuto *
minutiInUnOra;
secondiInUnOra;
3600
```

Ora creiamo una variabile chiamata `oreInUnGiorno` e la impostiamo a 24. Successivamente creiamo la variabile `secondiInUnGiorno` e la impostiamo uguale a `secondiInUnOra` moltiplicato per `oreInUnGiorno`. Quando chiediamo il valore `oreInUnGiorno` otteniamo 86400, che è il numero di secondi in un'ora:

```
var oreInUnGiorno = 24;
var secondiInUnGiorno = secondiInUnOra *
oreInUnGiorno;
secondiInUnGiorno;
```

Calcola quanti secondi ci sono in un anno e quanti secondi sono passati dalla tua nascita.

Incremento e decremento

Come programmatore, dovrai spesso aumentare o diminuire il valore di una variabile contenente un numero di 1 unità. Ad esempio, potresti avere una variabile che conta i tuoi amici su Facebook. Ogni volta che qualcuno ti aggiunge, dovresti aumentare quella variabile di 1 unità. L'aumento di 1 è chiamato incremento e la diminuzione di 1 è chiamato decremento, puoi incrementare e decrementare una variabile utilizzando gli operatori ++ e --.

```
var amiciFB = 0;
++amiciFB;
1
++amiciFB;
2
--amiciFB;
1
```

Quando usiamo l'operatore ++, il valore di amiciFB aumenta di 1 e quando usiamo l'operatore -- diminuisce di 1. Puoi anche mettere questi operatori dopo la variabile, in tal caso il valore che viene restituito è il valore prima dell'incremento o del decremento.

```
amiciFB = 0;
amiciFB++;
0
amiciFB++;
1
amiciFB;
2
```

In questo esempio, impostiamo di nuovo amiciFB su 0. Quando chiamiamo amiciFB++, la variabile viene incrementata ma il valore che viene stampato è il valore prima che si verificasse l'incremento. Puoi vedere alla fine (dopo due incrementi) che se chiediamo il valore di amiciFB, otteniamo 2.

Per aumentare il valore di una variabile di un certo importo, potresti usare questo codice:

```
var x = 10;
x = x + 5;
x;
15
```

Qui iniziamo con una variabile chiamata x, impostata a 10. Quindi, assegniamo x + 5 a x. Poiché x era 10, x + 5 sarà 15. Quello che stiamo facendo qui è utilizzare il vecchio valore di x per elaborare un nuovo valore per x. Pertanto, x = x + 5 significa in realtà "aggiungi 5 a x".

JavaScript offre un modo più semplice per aumentare o diminuire una variabile di una certa quantità, con gli operatori += e -=. Ad esempio, se abbiamo una variabile x, allora x += 5 equivale a dire x = x + 5. L'operatore -= funziona allo stesso modo, quindi x -= 9 sarebbe uguale a x = x - 9 ("sottrai 9 da x"). Ecco un esempio che utilizza entrambi questi operatori per tenere traccia di un punteggio in un videogioco:

```
var score = 10;
score += 7;
17
score -= 3;
14
```

In questo esempio, iniziamo con un punteggio di 10 assegnando il valore 10 alla variabile `score`. Dopo aver superato un livello, il punteggio aumenta di 7 unità usando l'operatore `+=`. Prima di battere il mostro, il punteggio era 10 e 10 + 7 è pari a 17, quindi questa operazione imposta il punteggio a 17.

Successivamente falliamo un livello e il punteggio viene ridotto di 3. Ancora una volta, `score -= 3` è uguale `score = score -`

3. Il punteggio, a questo punto, da 17 diventa 14 e quel valore viene riassegnato a `score`.

Capitolo 5: Stringhe

Finora abbiamo lavorato solo con i numeri, ora esaminiamo un altro tipo di dati: le stringhe. Le stringhe in JavaScript (come nella maggior parte dei linguaggi di programmazione) sono solo sequenze di caratteri che possono includere lettere, numeri, punteggiatura e spazi. Inseriamo stringhe tra virgolette in modo che JavaScript sappia dove iniziano e finiscono. Ad esempio, ecco un classico: "Hello world!";

"Hello world!"

Per inserire una stringa, digita semplicemente una virgoletta doppia (") seguita dal testo che desideri nella stringa quindi chiudi la stringa con un'altra virgoletta doppia. Puoi anche utilizzare virgolette singole ('), ma per mantenere le cose semplici, useremo solo le virgolette doppie in questo libro.

Puoi salvare le stringhe in variabili, proprio come i numeri:

```
var miaStringa = "Scrivo qualcosa qui...";
```

Non c'è nulla che ti impedisca di assegnare una stringa a una variabile che in precedenza conteneva un numero:

```
var miaStringa = 5;
miaStringa = "questa è una stringa";
"questa è una stringa"
```

E se mettessi un numero tra virgolette? Sarebbe una stringa o un numero? In JavaScript, una stringa è una stringa (anche se capita di avere alcuni caratteri che sono dei numeri). Ad esempio:

```
var numeroNove = 9;
```

```
var stringaNove = "9";
```
In questo caso `numeroNove` è un numero mentre `stringaNove` è una stringa. Per vedere come sono diversi, proviamo a sommarli: `numeroNove + numeroNove;`

```
18
```

```
stringaNove + stringaNove;
"99"
```

Quando sommiamo i valori numerici 9 e 9, otteniamo 18. Quando usiamo l'operatore +
su "9" e "9", le stringhe vengono semplicemente unite insieme per formare "99".

Unire le stringhe

Come hai appena visto, puoi usare l'operatore + con le stringhe ma il risultato è molto diverso rispetto all'uso dell'operatore + con i numeri. Quando usi + per unire due stringhe, crei una nuova stringa con la seconda stringa attaccata alla fine della prima stringa, in questo modo:

```
var saluto = "Ciao";
var nome = "Antonio";

saluto + nome;
"CiaoAntonio"
```

Qui creiamo due variabili (saluto e nome) e assegniamo a ciascuna un valore stringa ("Ciao" e "Antonio", rispettivamente). Quando sommiamo queste due variabili, le stringhe vengono combinate per creare una nuova stringa, "CiaoAntonio". Tuttavia, non sembra corretto: dovrebbe esserci uno spazio tra Ciao e Antonio.

JavaScript non inserirà uno spazio lì a meno che non lo specifichiamo aggiungendo uno spazio in una delle stringhe originali:

```
var saluto = "Ciao ";
var nome = "Antonio";

saluto + nome;
"Ciao Antonio"
```

Lo spazio extra dopo la parola Ciao tra le virgolette inserisce uno spazio anche nella stringa finale ma puoi fare molto di più con le stringhe oltre ad aggiungerle insieme.

Trovare la lunghezza di una stringa

Per ottenere la lunghezza di una stringa, aggiungi semplicemente `.length` alla fine di essa:

```
"Non so la lunghezza".length;
19
```

È possibile aggiungere `.length` alla fine della stringa effettiva o a una variabile che contiene una stringa:

```
var java = "Java";
java.length;
4

var script = "Script";
script.length;
6

var javascript = java + script;
javascript.length;
10
```

Qui si assegna la stringa `"Java"` alla variabile `java` e la stringa `"Script"` alla variabile `script`. Quindi aggiungiamo `.length` alla fine di ogni variabile per determinare la lunghezza di ogni stringa, così come la lunghezza delle stringhe combinate. Nota che puoi aggiungere `.length` alla "stringa effettiva o a una variabile che contiene una stringa". Questo illustra qualcosa di molto importante sulle variabili: ovunque tu possa usare un numero o una stringa, puoi anche usare una variabile contenente un numero o una stringa.

Singolo carattere da una stringa

A volte si desidera recuperare un singolo carattere da una stringa. Ad esempio, potresti avere un codice segreto in cui il messaggio è composto dal secondo carattere di ogni parola in un elenco di parole. Dovresti essere in grado di ottenere solo i secondi caratteri e unirli tutti insieme per creare una nuova parola.

Per ottenere un carattere in una posizione particolare all'interno di una stringa, utilizza le parentesi quadre `[]`. Crea la stringa, o la variabile contenente la stringa, inserisci la posizione del carattere che desideri tra parentesi quadre alla fine. Ad esempio, per ottenere il primo carattere di `nome`, utilizza `nome[0]`, in questo modo:

```
var nome = "Antonio";
nome[0];
"A"
nome[1];
"n"
nome[2];
"t"
```

Nota che per ottenere il primo carattere della stringa, usiamo 0 anziché 1. Questo perché JavaScript (come molti altri linguaggi di programmazione) inizia a contare da zero. Ciò significa che quando vuoi il primo carattere di una stringa devi usare 0; quando vuoi il secondo 1; e così via.

Prova a definire un codice segreto solo usando la seconda lettera di una lista di parole. Questo esercizio è molto utile perché ti aiuta a prendere confidenza con le stringhe.

Dividere le stringhe

Per dividere una parte di una grande stringa, puoi usare `slice`. Ad esempio, potresti prendere il primo pezzo di una lunga recensione di un film da mostrare come anteprima sul tuo sito web. Per utilizzare `slice`, inserisci un punto dopo una stringa (o una variabile contenente una stringa), seguito dalla parola `slice` e parentesi di apertura e chiusura. All'interno delle parentesi, inserisci la posizione iniziale e finale della sezione della stringa desiderata, separate da una virgola.

Ad esempio:

```
var stringaLunga = "Ecco qui la mia lunga lunga stringa";
stringaLunga.slice(0, 8);
"Ecco qui"
```

Il primo numero tra parentesi è il numero del carattere da cui iniziare la nuova stringa e il secondo numero è il numero del carattere dell'ultimo carattere nella sezione. Qui fondamentalmente diciamo a JavaScript: "Estrai una sezione da questa stringa più lunga a partire dal carattere al posto 0 e continua finché non raggiungi il posto 8."

Se includi solo un numero tra parentesi dopo la slice, la stringa inizierà da quel numero e continuerà fino alla fine della stringa, in questo modo:

```
var stringaLunga = "Ecco qui la mia
lunga lunga stringa";
stringaLunga.slice(9);
"la mia lunga lunga stringa"
```

Maiuscolo o minuscolo?

Se hai del testo che vuoi solo trasformare in maiuscolo, prova a usare `toUpperCase` per trasformarlo tutto in lettere maiuscole.

```
"Aiuto, salvatemi!".toUpperCase();
"AIUTO, SALVATEMI!"
```

Quando si utilizza `.toUpperCase()` su una stringa, viene creata una nuova stringa in cui tutte le lettere vengono trasformate in maiuscolo. Puoi anche fare il contrario:

```
"AIUTO, SALVATEMI!".toUpperCase();
"aiuto, salvatemi!"
```

Come suggerisce il nome, `.toLowerCase()` rende tutti i caratteri minuscoli. Ma le frasi non dovrebbero sempre iniziare con una lettera maiuscola? Come possiamo prendere una stringa e rendere la prima lettera maiuscola ma trasformare il resto in minuscolo?

Ecco un metodo:

```
var testoAiuto = "aiUTo, SALvaTEmi!";
var minuscolo =
testoAiuto.toLowerCase();
var primoCarattere = minuscolo[0];
var primoCarattereUpper =
primoCarattere.toUpperCase();
var parteRestante = minuscolo.slice(1);
primoCarattereUpper + parteRestante;
"Aiuto, salvatemi!"
```

Esaminiamo questa riga per riga. Creiamo una nuova variabile chiamata `testoAiuto` e salviamo la stringa che vogliamo modificare in quella variabile. Otteniamo la versione minuscola di `testoAiuto` con `.toLowerCase()` e la salviamo in una nuova variabile chiamata `minuscolo`. Usiamo `[0]` per ottenere il primo carattere e salvarlo in `primoCarattere` (0 è usato per recuperare il primo carattere). Quindi creiamo una versione maiuscola e la chiamiamo `primoCarattereUpper`. Usiamo slice per ottenere tutti i caratteri in `minuscolo`, a partire dal secondo carattere e salvarlo in `parteRestante`. Infine, in ❻, aggiungiamo `primoCarattereUpper` a `parteRestante` per ottenere `"Aiuto, salvatemi!"`.

Poiché valori e variabili possono essere sostituiti l'uno con l'altro, potremmo trasformare alcune righe in una sola riga, in questo modo:

```
var testoAiuto = "aiUTo, SALvaTEmi!";
testoAiuto[0].toUpperCase() +
testoAiuto.slice(1).toLowerCase();
"Aiuto, salvatemi!"
```

Tuttavia, può essere fonte di confusione seguire il codice scritto in questo modo quindi è una buona idea usare le variabili per ogni passaggio di un'attività complicata come questa, almeno finché non ti senti più a tuo

agio nel leggere questo tipo di codice un po'
più complesso.

Capitolo 6: Booleani

Un valore booleano è semplicemente un valore vero o falso. Ad esempio, ecco una semplice espressione booleana.

```
var miPiaceJavascript = true;
miPiaceJavascript;
true
```

In questo esempio, abbiamo creato una nuova variabile chiamata `miPiaceJavascript` e le abbiamo assegnato il valore booleano `true`. Sulla seconda riga, otteniamo il valore di `miPiaceJavascript`, che, ovviamente, è vero!

Operatori logici

Proprio come puoi combinare numeri con operatori matematici (+, -, *, / e così via), puoi combinare valori booleani con operatori booleani. Quando si combinano valori booleani con operatori booleani, il risultato sarà sempre un altro valore booleano (vero o falso). I tre principali operatori booleani in JavaScript sono &&, || e !. Possono sembrare un po' strani, ma con un po' di pratica non sono difficili da usare.

&& significa "e", utilizza l'operatore && con due valori booleani per vedere se sono entrambi veri. Ad esempio, prima di andare al lavoro, vuoi assicurarti di aver fatto la doccia e di avere lo zaino con il PC. Se entrambe sono vere, puoi andare a lavorare, ma se una o entrambe sono false, non puoi andare a lavorare.

```
var docciaFatta = true;
var hoPresoZaino = false;
docciaFatta && hoPresoZaino;
false
```

Qui impostiamo la variabile docciaFatta su true e la variabile hoPresoZaino su false. Quando entriamo in docciaFatta && hoPresoZaino, in pratica chiediamo a JavaScript: "Entrambi questi valori sono veri?" Poiché non sono entrambe vere (non hai preso lo zaino), JavaScript restituisce false (non sei pronto per andare a lavorare).

Riproviamo, con entrambi i valori impostati su true:

```
var docciaFatta = true;
var hoPresoZaino = true;
docciaFatta && hoPresoZaino;
true
```

Adesso JavaScript ci dice che `docciaFatta` `&& hoPresoZaino` è vero.

L'operatore booleano `||` significa "o", è possibile utilizzare questo operatore con due valori booleani per scoprire se uno dei due è vero. Ad esempio, supponi che ti stai ancora preparando per andare a lavorare e devi prendere un frutto per pranzo ma non importa se prendi una mela o un'arancia o entrambe.

Puoi utilizzare JavaScript per vedere se ne hai almeno uno, in questo modo:

```
var melaPresa = true;
var aranciaPresa = false;
melaPresa || aranciaPresa;
true
```

`melaPresa || aranciaPresa` sarà vero se `melaPresa` o `aranciaPresa` è vero, o se entrambi sono veri. Ma se entrambi sono falsi, il risultato sarà falso (non hai alcun frutto).

! significa solo "non", usalo per trasformare falso in vero o vero in falso. Ciò è utile per lavorare con valori opposti.

Ad esempio:

```
var siamoNelWeekend = true;
var svegliarmiPresto = !siamoNelWeekend;
svegliarmiPresto;
false
```

In questo esempio, impostiamo la variabile siamoNelWeekend su true. Quindi impostiamo la variabile svegliarmiPresto su !siamoNelWeekend. L'operatore converte il valore nel suo opposto, quindi se siamoNelWeekend è vero, allora avremo un valore che non è vero (è falso).

Quando chiediamo il valore di svegliarmiPresto, diventa falso (non hai bisogno di svegliarti presto oggi, perché è il fine settimana). Poiché `svegliarmiPresto` è falso, `!svegliarmiPresto` sarà vero.

Combinazione di operatori logici

Gli operatori diventano interessanti quando si inizia a combinarli. Ad esempio, dovresti andare a lavorare se non è il fine settimana e hai fatto la doccia e hai una mela o un'arancia. Potremmo controllare se tutto questo è vero con JavaScript, in questo modo:

```
var siamoNelWeekend = false;
var docciaFatta = true;
var melaPresa = false;
var aranciaPresa = true;
var andareLavoro = !siamoNelWeekend &&
docciaFatta && (melaPresa ||
aranciaPresa);
andareLavoro;
true
```

In questo caso, non è il fine settimana, hai fatto la doccia e non hai una mela ma hai un'arancia, quindi dovresti andare a lavorare.

`melaPresa || aranciaPresa` è tra parentesi perché vogliamo assicurarci che JavaScript esegua prima quella funzione. Proprio come JavaScript calcola la moltiplicazione e poi l'addizione con i numeri, calcola anche `&&` prima di `||` nelle dichiarazioni logiche.

Confronti con booleani

I valori booleani possono essere utilizzati per rispondere a domande sui numeri che hanno una semplice risposta sì o no. Ad esempio, immagina di gestire un parco a tema e una delle giostre ha un limite di altezza: gli utenti devono essere alti almeno 160 cm, altrimenti potrebbero cadere! Quando qualcuno vuole fare un giro e ti dice la sua altezza, devi sapere se è maggiore di questo limite.

Possiamo usare l'operatore maggiore di (>) per vedere se un numero è maggiore di un altro. Ad esempio, per vedere se l'altezza di un utente (165 cm) è maggiore del limite di altezza (160 cm), potremmo impostare la variabile `altezza` pari a 165 e la variabile `altezzaLimite` pari a 160, quindi confrontare i due:

```
var altezza = 165;
var altezzaLimite = 160;
altezza > altezzaLimite;
true
```

Con `altezza > altezzaLimite`, chiediamo a JavaScript di dirci se il primo valore è maggiore del secondo. In questo caso, l'utente è abbastanza alto! E se un utente fosse alto esattamente 160 cm?

```
var altezza = 160;
var altezzaLimite = 160;
altezza > altezzaLimite;
false
```

Oh no! L'utente non è abbastanza alto! Ma se il limite di altezza è di 160 cm, non dovrebbero essere ammesse persone che sono alte esattamente 160 cm? Dobbiamo aggiustarlo.

Fortunatamente, JavaScript ha un altro operatore, >=, che significa "maggiore o uguale a":

```
var altezza = 160;
var altezzaLimite = 160;
altezza >= altezzaLimite;
true
```

L'opposto dell'operatore "maggiore di" (>) è l'operatore "minore di" (<). Questo operatore potrebbe tornare utile se una giostra fosse progettata solo per bambini.

Per scoprire se due numeri sono esattamente uguali, utilizzare il triplo segno di uguale (===), che significa uguale a ma attenzione a non confondere === con un unico segno di uguale (=), perché === significa "questi due numeri sono uguali?" mentre = significa "salva il valore a destra nella variabile a sinistra".

In altre parole, === pone una domanda, mentre = assegna un valore a una variabile. Quando si utilizza =, il nome di una variabile deve essere a sinistra e il valore che si desidera salvare in quella variabile deve essere a destra. D'altra parte, === viene utilizzato solo per confrontare due valori per vedere se sono uguali quindi non importa quale valore si trovi su quale lato.

Ad esempio, supponiamo che stai conducendo una competizione con i tuoi amici Antonio, Luca e Giovanni per vedere chi può indovinare il tuo numero segreto, che è 5.

Hai detto ai tuoi amici che il numero è compreso tra 1 e 9 e iniziano a indovinare. Per prima cosa imposti `numeroSegreto` uguale a 5. Il tuo primo amico, Antonio, suppone che sia 3. Vediamo cosa succede dopo:

```
var numeroSegreto = 5;
var numAntonio = 3;
numeroSegreto === numAntonio;
false

var numLuca = 7;
numeroSegreto === numLuca;
false

var numGiovanni = 5;
numeroSegreto === numGiovanni;
true
```

La variabile `numeroSegreto` memorizza il numero segreto. Le variabili `numAntonio`, `numLuca` e `numGiovanni` rappresentano le ipotesi dei tuoi amici e utilizziamo `===` per vedere se ciascuna ipotesi è uguale al tuo numero segreto. Il tuo terzo amico, Giovanni, vince indovinando il numero 5.

Quando confronti due numeri con `===`, diventa vero solo quando entrambi i numeri sono uguali. Poiché `numGiovanni` è 5 e `numeroSegreto` è 5, restituisce `true`. Le altre ipotesi non corrispondevano a `numeroSegreto`, quindi è stato restituito `false`. Puoi anche usare `===` per confrontare due stringhe o due booleani. Se usi `===` per confrontare due diversi tipi, ad esempio, una stringa e un numero, restituirà sempre `false`.

Ora per confondere un po' le cose: c'è un altro operatore JavaScript (doppio uguale o `==`) che significa "uguale". Usalo per vedere se due valori sono uguali, anche se uno è una stringa e l'altro è un numero. Il numero 5 è diverso dalla stringa `"5"`, anche se sostanzialmente sembrano la stessa cosa.

Se utilizzi `===` per confrontare il numero 5 e la stringa `"5"`, JavaScript ti dirà che non sono uguali. Ma se usi `==` per confrontarli, ti dirà che sono gli stessi:

```
var cinqueStringa = "5";
var cinqueNumero = 5;
cinqueStringa === cinqueNumero;
false
```

```
cinqueStringa == cinqueNumero;
true
```

A questo punto, potresti pensare: "Sembra molto più facile usare il doppio uguale che il triplo uguale!". Devi stare molto attento, però, perché il doppio uguale può creare confusione, ad esempio, pensi che 0 sia uguale a falso? E la stringa `"false"`?

Quando usi il doppio uguale, 0 è uguale a `false`, ma la stringa `"false"` non lo è:

```
0 == false;
true

"false" == false;
false
```

Questo perché quando JavaScript cerca di confrontare due valori con doppio uguale, prima cerca di renderli dello stesso tipo. In questo caso, converte il valore booleano in un numero. Se converti booleani in numeri, `false` diventa 0 e `true` diventa 1. Quindi, quando digiti `0 == false`, ottieni `true`! A causa di questa stranezza, è probabilmente più sicuro usare `===`.

undefined e null

Infine, abbiamo due valori un po' particolari. Sono chiamati `undefined` e `null`. Entrambi sono usati per significare "niente", ma in modi leggermente diversi. `undefined` è il valore che JavaScript utilizza quando non ha un valore per qualcosa. Ad esempio, quando crei una nuova variabile e non imposti il suo valore su alcunché utilizzando l'operatore `=`, il suo valore sarà impostato su `undefined`:

```
var variabile;
variabile;
undefined
```

Il valore `null` viene solitamente utilizzato quando si desidera dire deliberatamente "Questo è vuoto".

```
var variabile = null;
variabile;
null
```

A questo punto, non utilizzerai molto spesso `undefined` o `null`. Vedrai `undefined` se crei una variabile e non ne imposti il valore, perché `undefined` è ciò che JavaScript ti darà sempre quando non ha un valore. Non è molto comune impostare qualcosa come indefinito; se senti il bisogno di impostare una variabile su "niente", dovresti invece usare `null`.

Il valore `null` viene utilizzato solo quando si desidera effettivamente dire che qualcosa non è presente, il che è utile occasionalmente.

Ad esempio, supponi di utilizzare una variabile per monitorare qual è il tuo ortaggio preferito. Se odi tutte le verdure e non ne hai una preferita, potresti impostare la variabile verdura preferita su zero. L'impostazione della variabile su `null` renderebbe ovvio a chiunque che non hai un ortaggio preferito. Se fosse `undefined`, tuttavia, qualcuno potrebbe pensare che non hai ancora impostato un valore.

Capitolo 7: Array

Finora abbiamo imparato a conoscere numeri stringhe e booleani, che sono tipi di dati che puoi utilizzare nei tuoi programmi. Tuttavia, i numeri e le stringhe sono un po' noiosi perché non c'è molto che puoi fare con una stringa da sola. JavaScript ti consente di creare e raggruppare i dati in modi più interessanti con gli array.

Un array è solo un elenco di altri valori di dati JavaScript. Ad esempio, se un tuo amico ti chiedesse quali sono i tuoi tre dinosauri preferiti, potresti creare un array con i nomi di quei dinosauri, nell'ordine:

```
var dinosauriFavoriti = ["T-Rex",
"Velociraptor", "Stegosaurus"];
```

Quindi, invece di dare al tuo amico tre stringhe separate, puoi semplicemente usare il singolo array `dinosauriFavoriti`.

Perché dovresti preoccuparti degli array? Guardiamo di nuovo i dinosauri. Supponi di voler utilizzare un programma per tenere traccia dei molti tipi di dinosauri che conosci. Potresti creare una variabile per ogni dinosauro, come questa:

```
var dinosauro1 = "T-Rex";
var dinosauro2 = "Velociraptor";
var dinosauro3 = "Stegosaurus";
var dinosauro4 = "Triceratops";
var dinosauro5 = "Brachiosaurus";
var dinosauro6 = "Pteranodon";
var dinosauro7 = "Apatosaurus";
var dinosauro8 = "Diplodocus";
var dinosauro9 = "Compsognathus";
```

Questo elenco è piuttosto scomodo da usare, tuttavia, perché hai nove variabili diverse quando potresti averne solo una. Immagina di tenere traccia di 1000 dinosauri!

Dovresti creare 1000 variabili separate, con cui sarebbe quasi impossibile lavorare. È come se avessi una lista della spesa ma ogni articolo è su un foglio di carta diverso. Avresti un pezzo di carta con scritto "uova", un altro pezzo con scritto "pane" e un altro pezzo con scritto "arance".

La maggior parte delle persone scriverebbe l'elenco completo delle cose che desidera acquistare su un unico pezzo di carta. Non sarebbe molto più facile se potessi raggruppare tutti e nove i dinosauri in un unico posto? Puoi farlo ed è qui che entrano in gioco gli array.

Creazione

Per creare un array, devi solo usare le
parentesi quadre [ ]. In effetti, un array vuoto
è semplicemente una coppia di parentesi
quadre, come questa:

```
[];
```

```
[]
```

Ma a cosa serve un array vuoto?
Riempiamolo con i nostri dinosauri! Per
creare un array con valori al suo interno,
inserisci i valori, separati da virgole, tra
parentesi quadre. Possiamo chiamare i
singoli valori in un array oggetti o elementi. In
questo esempio, i nostri elementi saranno
stringhe (i nomi dei nostri dinosauri preferiti)
quindi li scriveremo tra virgolette.
Memorizzeremo l'array in una variabile
chiamata dinosauri:

```
var dinosaurs = ["T-Rex",
"Velociraptor", "Stegosaurus",
"Triceratops", "Brachiosaurus",
"Pteranodon", "Apatosaurus",
"Diplodocus", "Compsognathus"];
```

Gli elenchi lunghi possono essere difficili da leggere su una riga, ma fortunatamente questo non è l'unico modo per formattare (o disporre) un array. Puoi anche formattare un array con una parentesi quadra aperta su una riga, l'elenco degli elementi dell'array ciascuno su una nuova riga e una parentesi quadra chiusa, in questo modo:

```
var dinosauri = [
"T-Rex",
"Velociraptor",
"Stegosaurus",
"Triceratops",
"Brachiosaurus",
"Pteranodon",
"Apatosaurus",
"Diplodocus",
"Compsognathus"
];
```

Se desideri inserirlo nella console del browser, dovrai tenere premuto il tasto

MAIUSC quando premi il tasto INVIO per ogni nuova riga. Altrimenti l'interprete JavaScript penserà che tu stia tentando di eseguire la riga corrente, che è incompleta. Mentre lavoriamo nell'interprete, è più facile scrivere array su una riga. Che tu scelga di formattare gli elementi in un array su una riga o su righe separate, per JavaScript è lo stesso.

Indipendentemente dal numero di interruzioni di riga che utilizzi, JavaScript vede solo un array, in questo esempio un array contenente nove stringhe.

Accesso agli elementi

Quando è il momento di accedere agli elementi di un array, usa le parentesi quadre con l'indice dell'elemento che desideri, come puoi vedere nel seguente esempio:

```
dinosauri[0];
"T-Rex"

dinosauri[3];
"Triceratops"
```

Un indice è il numero che corrisponde al punto dell'array in cui è memorizzato un valore. Proprio come con le stringhe, il primo elemento in un array è all'indice 0, il secondo all'indice 1, il terzo all'indice 2 e così via.

Ecco perché chiedendo l'indice 0 dall'array dei `dinosauri` viene restituito `"T-Rex"` (che è il primo nell'elenco) e l'indice 3 restituisce `"Triceratops"` (che è il quarto nell'elenco).

È utile poter accedere a singoli elementi da un array. Ad esempio, se volessi solo mostrare a qualcuno il tuo dinosauro preferito in assoluto, non avresti bisogno dell'intero array di dinosauri. Vorresti solo il primo elemento: `dinosauri[0];`

`"T-Rex"`

Modificare gli elementi

È possibile utilizzare gli indici tra parentesi quadre per impostare, modificare o persino aggiungere elementi a un array. Ad esempio, per sostituire il primo elemento nell'array dei dinosauri ("T-Rex") con "Tyrannosaurus Rex", potresti fare questo:

```
dinosauri[0] = "Tyrannosaurus Rex";
```

Dopo averlo fatto, la matrice dei dinosauri sarà simile a questa:

```
["Tyrannosaurus Rex", "Velociraptor",
"Stegosaurus", "Triceratops",
"Brachiosaurus", "Pteranodon",
"Apatosaurus", "Diplodocus",
"Compsognathus"]
```

È inoltre possibile utilizzare parentesi quadre con indici per aggiungere nuovi elementi a un array. Ad esempio, ecco come puoi creare l'array dei dinosauri impostando ogni elemento individualmente con parentesi quadre:

```
var dinosauri = [];
dinosauri[0] = "T-Rex";
dinosauri[1] = "Velociraptor";
dinosauri[2] = "Stegosaurus";
dinosauri[3] = "Triceratops";
dinosauri[4] = "Brachiosaurus";
dinosauri[5] = "Pteranodon";
dinosauri[6] = "Apatosaurus";
dinosauri[7] = "Diplodocus";
dinosauri[8] = "Compsognathus";
dinosauri;
["T-Rex", "Velociraptor", "Stegosaurus",
"Triceratops",
"Brachiosaurus", "Pteranodon",
"Apatosaurus", "Diplodocus",
"Compsognathus"]
```

Quindi, con ogni riga successiva aggiungiamo un valore alla lista con una serie di voci `dinosauri[]`, dall'indice 0 all'indice 8. Una volta terminato l'elenco, possiamo visualizzare l'array.

Vediamo che JavaScript ha memorizzato tutti i nomi ordinati in base agli indici. Puoi effettivamente aggiungere un elemento in qualsiasi indice tu desideri. Ad esempio, per aggiungere un nuovo dinosauro (inventato) all'indice 33, potresti scrivere quanto segue:

```
dinosauri[33] = "Philosoraptor";

dinosauri;
["T-Rex", "Velociraptor", "Stegosaurus",
"Triceratops",
"Brachiosaurus", "Pteranodon",
"Apatosaurus", "Diplodocus",
"Compsognathus", undefined × 24
"Philosoraptor"]
```

Gli elementi tra gli indici 8 e 33 saranno undefined. Quando esegui l'output dell'array, Chrome ti dice utilmente quanti elementi sono indefiniti, invece di elencarli tutti individualmente.

Combinazione di tipi di dati

Gli elementi di un array non devono essere tutti dello stesso tipo. Ad esempio, l'array seguente contiene un numero (3), una stringa ("dinosauri"), un array (["triceratops", "stegosaurus", 3627.5]) e un altro numero (10):

```
var arrayMisto = [3, "dinosauri",
["triceratops", "stegosaurus", 3627.5],
10];
```

Per accedere a un singolo elemento nell'array interno di questo array, dovresti semplicemente utilizzare un secondo insieme di parentesi quadre. Ad esempio, arrayMisto[2] restituisce l'intero array interno, arrayMisto[2][0] restituisce solo il primo elemento di quell'array interno, che è "triceratops".

```
arrayMisto[2];
["triceratops", "stegosaurus", 3627.5]
arrayMisto[2][0];
"triceratops"
```

Quando digitiamo `arrayMisto[2][0]`, diciamo a JavaScript di guardare l'indice 2 dell'array `arrayMisto`, che contiene l'array `["triceratops", "stegosaurus", 3627.5]`, e di restituire il valore a indice 0 di quel secondo array. L'indice 0 è il primo valore del secondo array, che è `"triceratops"`.

Trovare la lunghezza

A volte è utile sapere quanti elementi ci sono in un array. Ad esempio, se continui ad aggiungere dinosauri al tuo array, potresti dimenticare quanti dinosauri hai. La proprietà length di un array ti dice quanti elementi ci sono nell'array. Per trovare la lunghezza di un array, aggiungi semplicemente .length alla fine del suo nome. Proviamolo, per prima cosa creeremo un nuovo array con tre elementi:

```
var amici = ["Luca", "Antonio",
"Michele"];
amici[0];
"Luca"
amici[1];
"Antonio"
amici[2];
"Michele"
```

Per trovare la lunghezza dell'array, aggiungi
`.length` ad `amici`:

```
amici.length;
```

3

JavaScript ci dice che ci sono 3 elementi nell'array e sappiamo già che hanno le posizioni di indice 0, 1 e 2. Questo ci dà un'informazione utile: l'ultimo indice in un array è sempre lo stesso numero della lunghezza dell'array meno 1. Ciò significa che esiste un modo semplice per accedere all'ultimo elemento di un array, per quanto lungo l'array sia:

```
amici[amici.length - 1];
"Michele"
```

Adesso, abbiamo chiesto a JavaScript un elemento dal nostro array ma invece di inserire un numero di indice tra parentesi quadre, abbiamo usato un po' di matematica: lunghezza dell'array meno 1.

JavaScript trova `amici.length`, ottiene 3 e quindi sottrae 1 per ottenere 2. Quindi restituisce l'elemento con indice 2 - l'ultimo maniaco dell'array, `"Michele"`.

Aggiungere elementi

Per aggiungere un elemento alla fine di un array, puoi utilizzare il metodo `push`. Aggiungi `.push` al nome dell'array, seguito dall'elemento che desideri aggiungere tra parentesi, in questo modo:

```
var animali = [];
animali.push("Gatto");
1
animali.push("Cane");
2
animali.push("Cavallo");
3
animali;
["Gatto", "Cane", "Cavallo"]
animali.length;
3
```

Qui creiamo un array vuoto con `var animali = [];` e quindi utilizziamo il metodo `push` per aggiungere `"Gatto"` all'array. Quindi, usiamo di nuovo `push` per aggiungere `"Cane"` e poi `"Cavallo"`. Quando si visualizzano gli

animali, vediamo che "Gatto", "Cane" e
"Cavallo" sono stati aggiunti all'array, nello
stesso ordine in cui li abbiamo inseriti.

L'atto di eseguire un metodo in
programmazione è noto come chiamare (o
invocare) il metodo. Quando chiami il metodo
push, accadono due cose, per prima cosa,
l'elemento tra parentesi viene aggiunto
all'array. In secondo luogo, viene restituita la
nuova lunghezza dell'array. Ecco perché vedi
quei numeri stampati ogni volta che chiami
push.

Per aggiungere un elemento all'inizio di un
array, puoi usare .unshift(elemento), in
questo modo:

```
animali;
["Gatto", "Cane", "Cavallo"]

animali[0];
"Gatto"

animali.unshift("Scimmia");
```

```
animali;
["Scimmia", "Gatto", "Cane", "Cavallo"]

animali.unshift("Orso");
5
animali;
["Orso", "Scimmia", "Gatto", "Cane",
"Cavallo"]

animali[0];
"Orso"

animali[2];
"Gatto"
```

Qui abbiamo iniziato con l'array che abbiamo utilizzato, `["Gatto", "Cane", "Cavallo"]`. Quindi, quando aggiungiamo gli elementi `"Scimmia"` e `"Orso"` all'inizio dell'array con `unshift`, i vecchi valori vengono spostati di un indice ogni volta. Quindi `"Gatto"`, che originariamente era all'indice 0, ora è all'indice 2.

Ancora una volta, `unshift` restituisce la nuova lunghezza dell'array ogni volta che viene chiamato, proprio come `push`.

Rimozione di elementi

Per rimuovere l'ultimo elemento da un array, puoi rimuoverlo aggiungendo `.pop()` alla fine del nome dell'array. Il metodo `pop` può essere particolarmente utile perché fa due cose: rimuove l'ultimo elemento e restituisce l'ultimo elemento come valore. Ad esempio, iniziamo con il nostro array di animali `["Orso", "Scimmia", "Gatto", "Cane", "Cavallo"]`.

Quindi creeremo una nuova variabile chiamata `ultimoAnimale` e vi salveremo l'ultimo animale chiamando `animali.pop()`.

```
animali;
["Orso", "Scimmia", "Gatto", "Cane",
"Cavallo"]

var ultimoAnimale = animali.pop();
ultimoAnimale;
"Cavallo"

animali;
```

```
["Orso", "Scimmia", "Gatto", "Cane"]

animali.pop();
"Cane"

animali;
["Orso", "Scimmia", "Gatto"]

animali.unshift(ultimoAnimale);
4

animali;
["Cavallo", "Orso", "Scimmia", "Gatto"]
```

Quando chiamiamo `animali.pop()`, l'ultimo elemento dell'array degli `animali`, `"Cavallo"`, viene restituito e salvato nella variabile `ultimoAnimale`. Anche `"Cavallo"` viene rimosso dall'array, il che ci lascia con quattro animali.

Quando chiamiamo di nuovo `animali.pop()`, `"Cane"` viene rimosso dall'array e restituito, lasciando solo tre animali nell'array. Quando abbiamo utilizzato `animali.pop()` su `"Cane"`, non lo abbiamo salvato in una variabile, quindi quel valore non viene più salvato da nessuna parte.

`"Cavallo"`, invece, è stato salvato nella variabile `ultimoAnimale`, così possiamo riutilizzarlo ogni volta che ne abbiamo bisogno.

Abbiamo usato `unshift(ultimoAnimale)` per aggiungere `"Cavallo"` di nuovo sulla parte anteriore dell'array. Questo ci dà una serie finale di `["Cavallo", "Orso", "Scimmia", "Gatto"]`.

I metodi `push` e `pop` sono una coppia utile perché a volte ti interessa solo la fine di un array. Puoi inserire un nuovo elemento nell'array e poi rimuoverlo quando sei pronto per usarlo.

Per rimuovere e restituire il primo elemento di un array, usa `.shift()`:

```
animali;
["Cavallo", "Orso", "Scimmia", "Gatto"]
var primoAnimale = animali.shift();
primoAnimale;
"Cavallo"

animali;
["Orso", "Scimmia", "Gatto"]
```

Il metodo `animali.shift()` fa la stessa cosa di `animali.pop()` ma l'elemento viene invece rimosso dalla testa dell'array. All'inizio di questo esempio gli animali sono `["Cavallo", "Orso", "Scimmia", "Gatto"]`. Quando chiamiamo `shift()` sull'array, il primo elemento, `"Cavallo"`, viene restituito e salvato in `primoAnimale`. Poiché `shift()` rimuove il primo elemento oltre a restituirlo, alla fine gli animali sono solo `["Orso", "Scimmia", "Gatto"]`. Puoi utilizzare `unshift` e `shift` per aggiungere e rimuovere elementi dall'inizio di un array proprio come useresti `push` and `pop` per aggiungere e rimuovere elementi dalla fine di un array.

Come esercizio crea un array che contenga le istruzioni del tragitto da casa a lavoro.

Capitolo 8: Oggetti

Gli oggetti in JavaScript sono molto simili agli array, ma gli oggetti utilizzano stringhe al posto di numeri per accedere ai diversi elementi. Le stringhe sono chiamate "chiavi" o proprietà e gli elementi a cui puntano sono chiamati "valori". Insieme, queste informazioni sono chiamate coppie chiave-valore. Mentre gli array sono usati principalmente per rappresentare elenchi di più cose, gli oggetti sono spesso usati per rappresentare singole cose con più caratteristiche o attributi.

Ad esempio, nel capitolo precedente abbiamo creato diversi array che elencavano diversi nomi di animali. Ma cosa succederebbe se volessimo memorizzare diverse informazioni su un animale?

Creazione

Potremmo memorizzare molte informazioni su un singolo animale creando un oggetto JavaScript. Ecco un oggetto che memorizza informazioni su un gatto a tre zampe di nome Pippo.

```
var gatto = {"gambe": 3, "nome":
"Pippo", "colore": "Grigio"};
```

Qui creiamo una variabile chiamata gatto e le assegniamo un oggetto con tre coppie chiave-valore. Per creare un oggetto, usiamo le parentesi graffe {} invece delle parentesi quadrate che abbiamo usato per creare gli array. Tra le parentesi graffe, inseriamo coppie chiave-valore. Le parentesi graffe e tutto il resto sono chiamati oggetto letterale. Un oggetto letterale è un modo per creare un oggetto scrivendo l'intero oggetto in una volta. Nota bene, abbiamo anche visto letterali array (ad esempio `["a", "b", "c"]`), letterali numerici (ad esempio 37), letterali di stringa (ad esempio `"prova"`) e letterali booleani (`true` e `false`). Letterale significa semplicemente che l'intero valore viene scritto in una volta, non costruito in più passaggi. Ad esempio, se si desidera creare un array con i numeri da 1 a 3, è possibile utilizzare l'array letterale `[1, 2, 3]` oppure puoi creare un array vuoto e quindi utilizzare il metodo `push` per aggiungere 1, 2 e 3 all'array. All'inizio non sai sempre cosa ci sarà nel tuo array o oggetto, motivo per cui non puoi sempre usare i letterali per creare array e oggetti.

Quando si crea un oggetto, la chiave va prima dei due punti (:) e il valore va dopo. I due punti si comportano un po' come un segno di uguale: i valori a destra vengono assegnati ai nomi a sinistra, proprio come quando crei le variabili. Tra ogni coppia chiave-valore, devi inserire una virgola. Nota che non è necessaria una virgola dopo l'ultima coppia chiave-valore (colore: "Grigio") poiché è l'ultima coppia chiave-valore e viene seguita da una parentesi graffa di chiusura.

Chiavi senza virgolette

Nel nostro primo oggetto, abbiamo messo ogni chiave tra virgolette ma non è necessario - anche questo è un oggetto letterale gatto valido:

```
var gatto = {gambe: 3, nome: "Pippo",
colore:"Grigio"};
```

JavaScript sa che le chiavi saranno sempre stringhe, motivo per cui puoi omettere le virgolette. Se non metti le virgolette attorno alle chiavi, tali chiavi devono seguire le stesse regole dei nomi delle variabili: gli spazi non sono consentiti in una chiave senza virgolette, ad esempio. Se metti la chiave tra virgolette, sono consentiti spazi:

```
var gatto = {gambe: 3, "nome completo":
"Gatto Pippo", colore: "Grigio"};
```

Nota che mentre una chiave è sempre una stringa (con o senza virgolette), il valore per quella chiave può essere qualsiasi tipo di valore o anche una variabile contenente un valore. Puoi anche scrivere l'intero oggetto su una riga ma può essere più difficile da leggere, sempre meglio spezzarlo in questo modo:

```
var gatto = {
    gambe: 3,
    nome: "Pippo",
    colore: "Grigio"
};
```

Accesso ai valori

È possibile accedere ai valori negli oggetti utilizzando le parentesi quadre, proprio come con gli array. L'unica differenza è che al posto dell'indice (un numero), userai la chiave (una stringa).

```
gatto["nome"];
"Pippo"
```

Proprio come le virgolette attorno alle chiavi sono opzionali quando si crea un oggetto letterale, sono opzionali anche quando si accede alle chiavi negli oggetti. Se non utilizzerai le virgolette, tuttavia, il codice avrà un aspetto leggermente diverso:

```
gatto.nome;
"Pippo"
```

Questo stile è chiamato notazione a punti (dot notation) perché invece di digitare il nome della chiave tra virgolette tra parentesi quadre dopo il nome dell'oggetto, usiamo semplicemente un punto, seguito dalla chiave, senza virgolette.

Come con le chiavi senza virgolette nei letterali di oggetto, questo funzionerà solo se la chiave non contiene caratteri speciali, come gli spazi. Invece di cercare un valore digitandone la chiave, supponi di voler ottenere un elenco di tutte le chiavi in un oggetto. JavaScript ti offre un modo semplice per farlo, utilizzando `Object.keys()`:

```
var cane = { nome: "Dolly", eta: 6,
colore: "Bianco", verso: "Bau bau!" };
var gatto = { nome: "Pippo", eta: 8,
colore: "Grigio" };

Object.keys(cane);
["nome", "eta", "colore", "verso"]

Object.keys(gatto);
["nome", "eta", "colore"]
```

`Object.keys(oggetto)` restituisce un array contenente tutte le chiavi di `oggetto`.

Aggiungere i valori

Un oggetto vuoto è proprio come un array vuoto, ma utilizza parentesi graffe {} invece di parentesi quadrate:

```
var oggetto = {};
```

Puoi aggiungere elementi a un oggetto proprio come aggiungeresti elementi a un array ma utilizzi stringhe invece di numeri:

```
var gatto = {};
gatto ["gambe"] = 3;
gatto ["nome"] = "Pippo";
gatto ["colore"] = "Grigio";
gatto;
{colore: "Grigio", gambe: 3, nome:
"Pippo"}
```

Ecco, abbiamo iniziato con un oggetto vuoto chiamato gatto. Quindi abbiamo aggiunto tre coppie chiave-valore, una per una quindi, digitiamo `gatto;` e il browser mostra il contenuto dell'oggetto.

Tuttavia, browser diversi possono produrre oggetti in modo diverso. Ad esempio, Chrome (nel momento in cui sto scrivendo questo) genera l'oggetto gatto in questo modo:

```
Object {gambe: 3, nome: "Pippo", colore: "Grigio"}
```

Mentre Chrome stampa il contenuto dell'oggetto in quest'ordine (gambe, nome, colore), altri browser potrebbero stamparli in modo diverso. Questo perché JavaScript non memorizza gli oggetti con le loro chiavi in un ordine particolare.

Gli array hanno ovviamente un certo ordine: l'indice 0 viene prima dell'indice 1 e l'indice 3 è dopo l'indice 2. Con gli oggetti, non c'è un modo ovvio per ordinare ogni elemento, il `colore` **dovrebbe essere prima delle** `gambe` o dopo? Non esiste una risposta "corretta" a questa domanda, quindi gli oggetti memorizzano semplicemente le chiavi senza assegnare loro un ordine particolare e, di conseguenza, browser diversi stamperanno le chiavi in ordini diversi.

Per questo motivo, non dovresti mai scrivere un programma che si basi sul fatto che le chiavi degli oggetti siano in un ordine preciso.

Aggiungere le chiavi

È anche possibile utilizzare la notazione punto quando si aggiungono nuove chiavi. Proviamo l'esempio precedente, in cui abbiamo iniziato con un oggetto vuoto e aggiunto le chiavi, ma questa volta useremo la notazione con il punto:

```
var gatto = {};
gatto.gambe = 3;
gatto.nome = "Pippo";
gatto.colore = "Grigio";
```

Se richiedi una proprietà di cui JavaScript non è a conoscenza, esso restituisce il valore speciale undefined. Il valore undefined significa semplicemente "Non c'è niente qui!" Ad esempio:

```
var cane = {nome: "Milly", gambe: 4,
tagliaPiccola: true};
cane.grande;
undefined
```

Qui definiamo tre proprietà per il cane: `nome`, `gambe` e `tagliaPiccola`. Non abbiamo definito `grande`, quindi `cane.grande` restituisce `undefined`.

Combinazione di array e oggetti

Finora abbiamo esaminato solo gli array e gli oggetti che contengono tipi semplici come numeri e stringhe. Ma nulla ti impedisce di utilizzare un altro array o un altro oggetto come valore in un array o in un oggetto. Ad esempio, un array di oggetti di dinosauri potrebbe avere questo aspetto:

```
var dinosauri = [
  {nome: "Tyrannosaurus Rex", periodo:
"Late Cretaceous"},
  {nome: "Stegosaurus", periodo: "Late
Jurassic"},
  {nome : "Plateosaurus", periodo:
"Triassic"}
];
```

Per avere tutte le informazioni sul primo dinosauro, puoi usare la stessa tecnica che abbiamo usato prima, inserendo l'indice tra parentesi quadre:

```
dinosauri[0];
{nome: "Tyrannosaurus Rex", periodo:
"Late Cretaceous"}
```

Se vuoi ottenere solo il nome del primo dinosauro, puoi semplicemente aggiungere la chiave dell'oggetto tra parentesi quadre dopo l'indice dell'array:

```
dinosauri[0]["nome"];
"Tyrannosaurus Rex"
```

Oppure puoi usare la notazione a punti, in questo modo:

```
dinosauri[1].periodo;
"Late Jurassic"
```

Vediamo ora un esempio più complesso. Creeremo un array di oggetti amici, in cui ogni oggetto contiene anche un array. Per prima cosa, creeremo gli oggetti e poi li inseriremo tutti in un array.

```
var anna = {nome: "Anna", eta: 28,
numeriFortunati: [2, 4, 8, 16]};

var davide = {nome: "Davide", eta: 35,
numeriFortunati: [3, 9, 40]};

var vincenzo = {nome: "Vincenzo", eta:
29, numeriFortunati: [1, 2, 3]};
```

Per prima cosa, creiamo tre oggetti e li salviamo in variabili chiamate `anna`, `davide` e `vincenzo`. Ogni oggetto ha tre chiavi: `nome`, `eta` e `numeriFortunati`. A ogni chiave del nome è assegnato un valore stringa, a ciascuna chiave dell'età è assegnato un singolo valore numerico e ogni chiave `numeriFortunati` ha un array, contenente alcuni numeri diversi.

Successivamente creeremo un array dei nostri amici:

```
var amici = [anna, davide, vincenzo];
```

Ora abbiamo un array salvato nella variabile
`amici` con tre elementi: `anna`, `davide` e
`vincenzo` (ciascuno dei quali fa riferimento a
oggetti). Puoi recuperare uno di questi
oggetti usando il suo indice nell'array:

```
amici[1];
{nome: "Davide", eta: 29,
numeriFortunati: Array [3]}
```

Questo recupera il secondo oggetto
nell'array, `davide` (all'indice 1). Chrome
stampa `Array [3]` per l'array
`numeriFortunati`, che è solo il suo modo di
dire "Questo è un array di tre elementi". (Puoi
utilizzare Chrome per vedere cosa c'è in
quell'array tramite l'esplorazione di oggetti
nella console.)

Possiamo anche recuperare un valore all'interno di un oggetto inserendo l'indice dell'oggetto tra parentesi quadre seguito dalla chiave che vogliamo recuperare:

```
amici[2].nome
"Vincenzo"
```

Questo codice richiede l'elemento all'indice 2, che è la variabile chiamata `vincenzo` e poi chiede la proprietà in quell'oggetto sotto la chiave `"nome"`, che è `"Vincenzo"`. Potremmo anche recuperare un valore da un array che si trova all'interno di uno degli oggetti all'interno dell'array `amici`, in questo modo:

```
amici[0].numeriFortunati[1];
4
```

PHP

Premessa

Esistono moltissimi tutorial PHP online ma la maggior parte di questi tutorial sono obsoleti e mostrano pratiche obsolete. Sfortunatamente, questi tutorial sono ancora referenziati oggi grazie alla loro immortalità di Google. Le informazioni obsolete sono pericolose per i programmatori PHP inconsapevoli perché creano inconsapevolmente applicazioni PHP lente e insicure.

Ho riconosciuto questo problema diversi anni fa ed è il motivo principale che mi ha spinto a scrivere questo libro. L'idea è quella di fornire ai programmatori PHP un facile accesso alle informazioni con alta qualità e aggiornate continuamente.

Per questi motivi questo libro non è un manuale di riferimento, è una conversazione amichevole e divertente tra te e me.

Ti mostrerò le ultime tecniche PHP che utilizzo ogni giorno al lavoro e qualche progetto utile, vedremo i più recenti standard di codifica in modo da poter condividere le tue componenti e le librerie PHP con l'intera comunità PHP. Mi sentirai parlare di "comunità" diverse volte perché è amichevole, disponibile e accogliente, anche se non senza problemi. Se qualche funzione in questo libro ti incuriosisce, contatta la community PHP e poni delle domande.

Ti garantisco che ci sono sviluppatori PHP pronti ad aiutarti e sperano che anche tu possa diventare un bravo sviluppatore PHP. La comunità è una risorsa inestimabile poiché continua a migliorare le tue abilità PHP anche dopo aver finito questo libro.

Prima di iniziare, voglio porre alcuni obiettivi. Per prima cosa, è impossibile spiegare tutti i modi per utilizzare PHP, non c'è abbastanza tempo e rischierei di perdere la tua attenzione. Invece, ti mostrerò come utilizzo PHP. Sì, questo è un approccio supponente, ma utilizzo le stesse pratiche e standard adottati da molti altri sviluppatori PHP. Ciò che puoi trarre dalla nostra breve conversazione sarà immediatamente applicabile nei tuoi progetti.

Secondo, presumo che tu abbia familiarità con variabili, condizionali, cicli e così via; non devi conoscere PHP ma è raccomandata una comprensione di base di questi concetti fondamentali di programmazione.

Terzo, non presumo che tu stia utilizzando un sistema operativo specifico, tuttavia, i miei esempi di codice sono scritti per Linux. I comandi Bash sono forniti per Ubuntu e

CentOS ma possono funzionare anche su OS X. Qualora tu usassi Windows, ti consiglio vivamente di avviare una macchina virtuale Linux in modo da poter eseguire il codice di esempio in questo libro. In alternativa, dovrai modificare opportunamente il codice ed eventualmente cambiare qualche comando.

Capitolo 1: Cosa cambia?

Il linguaggio PHP sta vivendo una rinascita. PHP si sta trasformando in un moderno linguaggio di scripting con funzioni utili come namespace, chiusure e una cache del codice operativo integrata. Anche il moderno ecosistema PHP si sta evolvendo tanto che gli sviluppatori PHP si affidano meno a framework monolitici e sempre di più a componenti specializzate e più piccole.

Il gestore delle dipendenze Composer sta rivoluzionando il modo in cui costruiamo applicazioni PHP; ci emancipa dal giardino recintato di un framework e ci consente di mescolare e abbinare componenti PHP interoperabili più adatte per le nostre applicazioni PHP personalizzate.

L'interoperabilità dei componenti non sarebbe possibile senza gli standard comunitari proposti e curati dal PHP Framework Interop Group. Questo libro è la tua guida al nuovo PHP e ti mostrerà come creare e distribuire incredibili applicazioni PHP utilizzando standard della comunità, buone pratiche (le cosiddette good-practice) e componenti interoperabili.

Prima di esplorare il PHP attuale, è importante capire l'origine di PHP, infatti, nasce come linguaggio di scripting lato server interpretato. Ciò significa che quando scrivi codice PHP, lo carichi su un server web e lo esegui con un interprete. PHP viene tipicamente utilizzato con un server web come Apache o nginx per servire contenuti dinamici. Tuttavia, può essere utilizzato anche per creare potenti applicazioni da riga di comando (proprio come bash, Ruby, Python e così via).

Molti sviluppatori PHP non se ne rendono conto e perdono una funzionalità davvero entusiasmante. Non ripeterò ciò che è già stato detto così bene da Rasmus Lerdorf (il creatore di PHP) ma bisogna sapere che PHP ha un passato tumultuoso.

PHP ha avuto inizio come una raccolta di script CGI scritti da Rasmus Lerdorf per tenere traccia delle visite al suo curriculum online. Lerdorf ha chiamato il suo set di script CGI "Personal Home Page Tools". Questa prima incarnazione era completamente diversa dal PHP che conosciamo oggi. I primi strumenti di Lerdorf non erano un vero e proprio linguaggio di scripting; fornivano variabili rudimentali e interpretazione automatica delle variabili del modulo utilizzando una sintassi HTML integrata.

Tra il 1994 e il 1998, PHP ha subito numerose revisioni ed è stato in parte riscritto.

Andi Gutmans e Zeev Suraski, due sviluppatori di Tel Aviv, hanno unito le loro forze con Rasmus Lerdorf per trasformare PHP da una piccola raccolta di strumenti CGI in un vero e proprio linguaggio di programmazione con una sintassi più coerente e supporto di base per la programmazione orientata agli oggetti. Hanno chiamato il loro prodotto finale PHP 3 e lo hanno rilasciato alla fine del 1998.

PHP 3 è stata la prima versione che più somigliava al PHP che conosciamo oggi. Forniva un'estensibilità maggiore a vari database, protocolli e API tanto che questa sua caratteristica ha attirato molti nuovi sviluppatori nel progetto. Alla fine del 1998,

PHP 3 era già installato sul 10% dei server web del mondo.

Oggi, il linguaggio PHP è in rapida evoluzione ed è supportato da dozzine di sviluppatori di team in tutto il mondo ma anche le metodologie di sviluppo sono cambiate.

In passato, era pratica comune scrivere un file PHP, caricarlo su un server di produzione con FTP e sperare che funzionasse. Questa è una pessima strategia di sviluppo ma era necessaria a causa della mancanza di ambienti di sviluppo locale. Al giorno d'oggi, evitiamo FTP e usiamo invece il controllo di versione. Software come Git aiutano a mantenere una cronologia del codice verificabile che può essere ramificata, biforcata ed unita.

Gli ambienti di sviluppo locale sono identici ai server di produzione grazie a strumenti di virtualizzazione come Vagrant e strumenti di provisioning come Ansible, Chef e Puppet. Possiamo sfruttare componenti PHP specializzati con il gestore delle dipendenze Composer. Il nostro codice PHP aderisce ai PSR, standard della comunità gestiti da PHP Framework Interop Group. Testiamo accuratamente il nostro codice con strumenti come PHPUnit. Distribuiamo le nostre applicazioni con il gestore di processi FastCGI di PHP dietro un server web come nginx e aumentiamo le prestazioni dell'applicazione con una cache del codice operativo.

In sostanza oggi PHP comprende molte nuove pratiche che potrebbero non essere familiari a coloro che non conoscono PHP o a coloro che usano versioni precedenti di

PHP. Non sentirti scoraggiato, vedremo ogni concetto più avanti in questo libro.

Il motore PHP originale è Zend Engine, si tratta di un interprete PHP scritto in C e introdotto in PHP 4. Oggi Zend Engine è il principale contributo dell'azienda Zend alla comunità PHP ma ora esiste un secondo motore PHP principale: la macchina virtuale HipHop di Facebook. Una specifica del linguaggio garantisce che entrambi i motori mantengano una compatibilità di base.

Quindi cosa ci aspetta in qualità di sviluppatore PHP? Sarà ancora supportato come linguaggio?

Zend Engine sta migliorando rapidamente con nuove funzionalità e prestazioni migliorate. Attribuisco i miglioramenti di Zend Engine alla sua nuova concorrenza, in particolare alla macchina virtuale HipHop di

Facebook e al linguaggio di programmazione Hack.

Hack è un nuovo linguaggio di programmazione basato su PHP ed introduce la tipizzazione statica, nuove strutture di dati e interfacce aggiuntive pur mantenendo la compatibilità con le versioni precedenti del codice PHP di tipo dinamico esistente. Hack è rivolto agli sviluppatori che apprezzano le caratteristiche di sviluppo rapido di PHP ma necessitano della prevedibilità e della stabilità della digitazione statica.

La macchina virtuale HipHop (HHVM) è un interprete PHP e Hack che utilizza un compilatore just in time (JIT) per migliorare le prestazioni dell'applicazione e ridurre l'utilizzo di memoria.

Non prevedo che Hack e HHVM sostituiranno Zend Engine ma i nuovi contributi di Facebook stanno creando un enorme successo nella comunità PHP. La crescente concorrenza ha spinto il team di Zend Engine ad annunciare nuove versioni di PHP, uno Zend Engine ottimizzato che si dice sia alla pari con HHVM.

È un momento entusiasmante per un programmatore PHP, infatti, la comunità PHP non è mai stata così energica, divertente e innovativa.

Spero che questo libro ti aiuti ad abbracciare fermamente le ultime novità di PHP. Ci sono un sacco di nuove cose da imparare e molte altre sono all'orizzonte. Adesso cominciamo.

Capitolo 2: Namespace

PHP ha molte nuove interessanti funzionalità e molte di queste saranno nuove di zecca per i programmatori PHP che eseguono l'aggiornamento da versioni precedenti, così come saranno una bella sorpresa per i programmatori che migrano a PHP da un altro linguaggio.

Queste nuove funzionalità rendono il linguaggio PHP una piattaforma potente e forniscono una piacevole esperienza per la creazione di applicazioni web e strumenti da riga di comando. Alcune di queste funzionalità non sono essenziali, ma rendono comunque la nostra vita più facile. Alcune funzionalità, tuttavia, sono essenziali.

Gli spazi dei nomi (namespace), ad esempio, sono fondamentali nello standard PHP e consentono pratiche di sviluppo che i moderni sviluppatori PHP danno per scontate (ad esempio, il caricamento automatico). Presenterò ogni nuova funzionalità, spiegherò perché è utile e ti mostrerò come implementarla nei tuoi progetti.

Introdotti in PHP 5.3.0, i namespace sono uno strumento importante che organizza il codice PHP in una gerarchia virtuale, paragonabile alla struttura delle directory del filesystem del tuo sistema operativo. Ogni moderno componente e framework PHP organizza il proprio codice sotto il proprio spazio dei nomi univoco a livello globale in modo che non sia in conflitto con altri fornitori, o rivendichi, nomi di classi comuni utilizzati da altri fornitori.

Symfony è una popolare componente PHP che gestisce le richieste e le risposte HTTP. Ancora più importante, il componente symfony / httpfoundation usa nomi di classi PHP molto comuni come Request, Response e Cookie, ti garantisco che ci sono molti altri componenti PHP che usano questi stessi nomi di classe.

Come possiamo usare il componente PHP symfony / httpfoundation se altro codice PHP usa gli stessi nomi di classe? Possiamo usare in sicurezza il componente symfony / httpfoundation proprio perché il suo codice è un sandbox sotto lo spazio dei nomi unico del fornitore di Symfony.

```php
<?php
namespace
Symfony\Component\HttpFoundation;

class_exists(ResponseHeaderBag::class);

class Response
{
    public const HTTP_CONTINUE = 100;
    public const
HTTP_SWITCHING_PROTOCOLS = 101;
    public const HTTP_PROCESSING = 102;
    public const HTTP_EARLY_HINTS = 103;
    public const HTTP_OK = 200;
```

```php
    public const HTTP_CREATED = 201;
    public const HTTP_ACCEPTED = 202;
    ...
?>
```

Questa è una dichiarazione dello spazio dei nomi PHP e appare sempre su una nuova riga immediatamente dopo il tag di apertura `<?php`. Questa particolare dichiarazione dello spazio dei nomi ci dice diverse cose.

Innanzitutto, sappiamo che la classe `Response` risiede sotto lo spazio dei nomi del fornitore di Symfony (lo spazio dei nomi del fornitore è lo spazio dei nomi più in alto), così come sappiamo che la classe `Response` risiede sotto il sottospazio dei nomi Component.

Sappiamo anche che la classe `Response` risiede sotto un altro sottospazio denominato `HttpFoundation`. Puoi visualizzare altri file adiacenti a `Response.php` e vedrai che usano la stessa dichiarazione dello spazio dei nomi.

Uno spazio dei nomi incapsula e organizza le classi PHP correlate, proprio come una directory del file system contiene i file correlati. A differenza del filesystem fisico del tuo sistema operativo, gli spazi dei nomi PHP sono un concetto virtuale e non necessariamente mappano 1:1 con le directory del filesystem.

La maggior parte dei componenti PHP, infatti, mappano i sottospazi dei nomi alle directory del filesystem per compatibilità con il popolare standard del caricatore automatico PSR-4 (di cui parleremo in seguito). Gli spazi dei nomi sono importanti perché ci consentono di creare codice in modalità sandbox che funziona insieme al codice di altri sviluppatori.

Questo è il concetto cardine del moderno ecosistema di componenti PHP. Gli autori di componenti, così come di framework, creano e distribuiscono codice per un gran numero di sviluppatori PHP e non hanno modo di sapere o controllare quali classi, interfacce, funzioni e costanti vengono utilizzate insieme al proprio codice. Questo problema si applica anche ai tuoi progetti interni.

Se scrivi componenti o classi PHP personalizzate per un progetto, quel codice deve funzionare insieme alle dipendenze di terze parti del tuo progetto. Come accennato in precedenza con il componente symfony / httpfoundation, il tuo codice e il codice di altri sviluppatori potrebbero usare gli stessi nomi di classe, interfaccia, funzione o costante.

Senza spazi dei nomi, si potrebbe generare una collisione che causa il fallimento di PHP. Con gli spazi dei nomi, il tuo codice e quello di altri sviluppatori possono utilizzare la stessa classe, interfaccia, funzione o nome costante, supponendo che il codice risieda sotto uno spazio dei nomi univoco del fornitore.

Se stai costruendo un piccolo progetto personale con solo poche dipendenze, le collisioni tra i nomi delle classi probabilmente non saranno un problema ma quando lavori in un team che costruisce un grande progetto con numerose dipendenze di terze parti, le collisioni di nomi diventano una vera preoccupazione.

Non puoi controllare quali classi, interfacce, funzioni e costanti vengono introdotte nello spazio dei nomi globale dalle dipendenze del tuo progetto. Questo è il motivo per cui i namespace nel codice sono molto importanti.

Dichiarazione

Ogni classe, interfaccia, funzione e costante PHP risiede sotto uno spazio dei nomi (o sottospazio dei nomi). Gli spazi dei nomi vengono dichiarati all'inizio di un file PHP su una nuova riga immediatamente dopo il tag di apertura `<?php`.

La dichiarazione dello spazio dei nomi inizia con la parola chiave `namespace`, quindi uno spazio, quindi il nome dello spazio dei nomi e infine un punto e virgola per la fine dell'istruzione. Ricorda che gli spazi dei nomi vengono spesso utilizzati per stabilire il nome di un fornitore di primo livello.

Questa dichiarazione di spazio dei nomi di esempio stabilisce il nome del fornitore di Pippo:

```php
<?php
```

```
namespace Pippo;
?>
```

Tutte le classi, le interfacce, le funzioni o le costanti PHP dichiarate sotto questa dichiarazione dello spazio dei nomi risiedono nello spazio dei nomi Pippo. E se volessimo organizzare il codice relativo a questo libro? Usiamo uno spazio dei nomi secondari.

Gli spazi dei nomi secondari vengono dichiarati esattamente come nell'esempio precedente. L'unica differenza è che separiamo i nomi dello spazio dei nomi e dei sottospazi con il carattere barra (\). L'esempio seguente dichiara un sottospazio dei nomi denominato MioPHP che risiede sotto lo spazio dei nomi del fornitore Pippo che si trova più in alto:

```
<?php
namespace Pippo\MioPHP;
?>
```

Tutte le classi, le interfacce, le funzioni e le costanti dichiarate sotto questa dichiarazione dello spazio dei nomi risiedono nel sottospazio dei nomi `Pippo\MioPHP` e sono, in qualche modo, correlate a questo libro.

Non è necessario dichiarare tutte le classi nello stesso spazio dei nomi o sottospazio nello stesso file PHP. Puoi specificare uno spazio dei nomi o uno spazio dei nomi secondario all'inizio di qualsiasi file PHP e il codice di quel file diventa parte di quello spazio dei nomi o spazio dei nomi secondario.

Ciò rende possibile scrivere più classi in file separati che appartengono a uno spazio dei nomi comune. Prima dei namespace, gli sviluppatori PHP risolvevano il problema della collisione dei nomi con i nomi delle classi in stile Zend. Questo era uno schema di denominazione delle classi reso popolare da Zend Framework in cui i nomi delle classi PHP utilizzavano trattini bassi al posto dei separatori di directory del file system.

Questa convenzione assicurava che i nomi delle classi fossero univoci e abilitava il caricatore automatico a sostituire i trattini bassi nei nomi delle classi PHP con separatori di directory del file system per determinare il percorso del file della classe. Ad esempio, la classe PHP:

```
Zend_Cloud_DocumentService_Adapter_Windo
wsAzure_Query
```

corrisponde al file PHP

```
Zend/Cloud/DocumentService/Adapter/Windo
wsAzure/Query.php
```

Un effetto collaterale della convenzione di denominazione in stile Zend, come puoi vedere, sono i nomi delle classi assurdamente lunghi. Chiamami pure pigro ma non è possibile che digitare questo nome della classe più di una volta. I moderni namespace PHP presentano un problema simile.

Ad esempio, il nome completo della classe Response nel componente symfony\httpfoundation è `\Symfony\Component\HttpFoundation\Response`.

Fortunatamente, PHP ci consente di importare e alias codice con spazio dei nomi. Per importazione, intendo dire a PHP quali spazi dei nomi, classi, interfacce, funzioni e costanti userò in ogni file PHP. Posso quindi usarli senza digitare i loro spazi dei nomi completi.

Con un alias, intendo dire a PHP che farò riferimento a una classe, interfaccia, funzione o costante importata con un nome più breve. Il codice mostrato nell'esempio crea e invia una risposta HTTP 400 Bad Request senza importazione e alias.

```php
<?php
$response = new
\Symfony\Component\HttpFoundation\Respon
se('Errore', 400);
$response->send();
?>
```

Non è terribile, ma immagina di dover creare un'istanza di Response più volte in un singolo file PHP, ben presto ti annoieresti. Ora guarda l'esempio seguente, fa la stessa cosa con l'importazione.

```php
<?php
use
Symfony\Component\HttpFoundation\Respons
e;
$response = new Response('Errore', 400);
$response->send();
?>
```

Stiamo dicendo a PHP che intendiamo usare la classe

`Symfony\Component\HttpFoundation\Response`

con la parola chiave `use`.

Digitiamo solo una volta il nome della classe lungo e completo quindi possiamo istanziare la classe `Response` senza utilizzare il suo nome di classe in modalità estesa. Interessante vero? Certi giorni mi sento davvero pigro e uso gli alias. Invece di digitare `Response`, forse voglio semplicemente digitare `Res`. Ecco come posso farlo:

```php
<?php
use
Symfony\Component\HttpFoundation\Response as Res;
$r = new Res('Errore', 400);
$r->send();
```

```
?>
```

In questo esempio, ho modificato la riga di importazione per importare la classe `Response` e ho anche aggiunto come `Res` alla fine della riga di importazione; questo dice a PHP di considerare `Res` un alias per la classe `Response`.

Se non avessi aggiunto l'alias `as Res` alla riga di importazione, PHP avrebbe assunto un alias predefinito che è lo stesso del nome della classe importata.

A partire da PHP 5.6, è possibile importare funzioni e costanti e ciò richiede una modifica alla sintassi della parola chiave `use`. Per importare una funzione:

```php
<?php
use func Namespace\nomeFunzione;
nomeFunzione();
?>
```

Per importare una costante:

```php
<?php
use constant Namespace\NOME_CONST;
echo NOME_CONST;
?>
```

Gli alias di funzioni e costanti funzionano allo stesso modo delle classi.

Se importi più classi, interfacce, funzioni o costanti in un singolo file PHP, ti ritroverai con più istruzioni use all'inizio del file PHP. PHP accetta una sintassi di importazione abbreviata che combina più istruzioni use su una singola riga come questa:

```php
<?php
use
Symfony\Component\HttpFoundation\Request,

Symfony\Component\HttpFoundation\Response;
?>
```

Non seguire questo approccio perché è confuso e facile da sbagliare. Ti consiglio di mantenere ogni istruzione `use` su una riga in questo modo:

```php
<?php
use
Symfony\Component\HttpFoundation\Request;
use
Symfony\Component\HttpFoundation\Response;
?>
```

Capitolo 3: Interfacce

Imparare a programmare su un'interfaccia ha cambiato la mia vita come programmatore PHP e ha migliorato profondamente la mia capacità di integrare componenti PHP di terze parti nelle mie applicazioni. Le interfacce non sono una nuova funzionalità ma sono una caratteristica importante che dovresti conoscere e utilizzare quotidianamente. Allora, cos'è un'interfaccia PHP?

Un'interfaccia è un contratto tra due oggetti PHP che consente a un oggetto di dipendere non da ciò che è un altro oggetto ma da ciò che un altro oggetto può fare. Un'interfaccia separa il nostro codice dalle sue dipendenze, in sostanza, consente al nostro codice di dipendere da qualsiasi codice di terze parti che implementa l'interfaccia prevista.

Non ci interessa come il codice di terze parti implementi l'interfaccia; ci interessa solo che il codice di terze parti implementi l'interfaccia.

Ecco un esempio più concreto. Facciamo finta di essere appena arrivato a Miami, in Florida, per una conferenza. Ho bisogno di un modo per spostarmi in città quindi mi dirigo direttamente al punto di noleggio auto locale. Hanno una Hyundai, una Subaru wagon e (con mia grande sorpresa) una Bugatti Veyron. So di aver bisogno di un modo per spostarmi in città e tutti e tre i veicoli possono aiutarmi a farlo ma ogni veicolo lo fa in modo diverso. La Hyundai Accent va bene, ma mi piacerebbe qualcosa con un po' più di grinta. Non ho accompagnatori quindi la Subaru wagon ha più posti a sedere e spazio del necessario. Prendo la Bugatti, per favore.

La realtà è che posso guidare una qualsiasi di queste tre auto perché condividono tutte un'interfaccia comune e prevista. Ogni macchina ha un volante, un pedale dell'acceleratore, un pedale del freno, indicatori di direzione e ciascuna utilizza la benzina come carburante. La Bugatti è probabilmente più potente di quanto io possa gestire ma l'interfaccia di guida è la stessa della Hyundai. Tutte e tre le auto condividono la stessa interfaccia prevista e ho l'opportunità di scegliere il mio veicolo preferito (se siamo onesti, probabilmente andrei con la Hyundai).

Questo è esattamente lo stesso concetto in PHP orientato agli oggetti. Se scrivo codice che si aspetta un oggetto di una classe specifica (e quindi un'implementazione specifica), l'utilità del mio codice è intrinsecamente limitata perché può utilizzare solo oggetti di quella classe, per sempre.

Tuttavia, se scrivo codice che prevede un'interfaccia, il mio codice sa immediatamente come utilizzare qualsiasi oggetto che implementa quell'interfaccia. Al mio codice non interessa come viene implementata l'interfaccia; il mio codice si preoccupa solo che l'interfaccia sia implementata ma facciamo un esempio.

Come usarle

Ho un'ipotetica classe PHP chiamata `DocumentStore` che raccoglie testo da fonti diverse: recupera HTML da alcuni URL; legge le risorse da un flusso e raccoglie l'output dei comandi da terminale. Ogni documento archiviato in un'istanza di `DocumentStore` ha un ID univoco:

```php
<?php
class DocumentStore
{
 protected $dati = [];
 public function
aggiungiDocumento(Documentable
$documento)
  {
   $chiave = $documento->getId();
   $valore = $documento->getContenuto();
   $this->dati[$chiave] = $valore;
  }
 public function recuperaDocumenti()
  {
   return $this->dati;
  }
}
?>
```

Come funziona esattamente se il metodo
`aggiungiDocumento()` accetta solo istanze
della classe `Documentable`? Questa è una
buona osservazione. Tuttavia, `Documentable`
non è una classe. È un'interfaccia e ha
questo aspetto:

```php
<?php
interface Documentable
{
 public function getId();
 public function getContenuto();
}
?>
```

Questa definizione di interfaccia dice che
qualsiasi oggetto che implementa l'interfaccia
`Documentable` deve fornire un metodo
`getId()` pubblico e un metodo
`getContenuto()` pubblico. Quindi in che
modo è utile esattamente? È utile perché
possiamo creare classi separate per il
recupero dei documenti con implementazioni
completamente diverse.

La codifica di un'interfaccia crea codice più flessibile che delega ad altri le preoccupazioni dell'implementazione. Molte più persone possono scrivere codice che funziona perfettamente con il tuo codice non conoscendo nient'altro che un'interfaccia.

Verifica la tua preparazione

1. Crea la classe denominata DocumentoHTML in modo che rispetti l'interfaccia creata. Tale classe dovrà recuperare il codice HTML di un URL passato al costruttore.

2. Crea la classe denominata DocumentoStream in modo che rispetti l'interfaccia creata. Tale classe dovrà recuperare il testo presente in un file con estensione `.txt`.

Capitolo 4: Traits

Molti dei miei amici sviluppatori PHP sono confusi dai traits, un nuovo concetto introdotto in PHP 5.4.0. Si comportano come classi ma sembrano interfacce quindi cosa sono? Nessuno dei due.

Un trait è un'implementazione di una classe parziale (cioè costanti, proprietà e metodi) che può essere combinata in una o più classi PHP esistenti.

I traits hanno una doppia funzione: dicono cosa può fare una classe (come un'interfaccia) e, inoltre, forniscono un'implementazione modulare (come una classe).

Potresti avere familiarità con i traits in altri linguaggi, ad esempio, i traits PHP sono simili ai moduli componibili di Ruby o ai mixins.

Perché usarli?

Il linguaggio PHP utilizza un modello di ereditarietà classico e ciò significa che si inizia con una singola classe e che fornisce un'implementazione di base. Estendi la classe base per creare classi più specializzate che ereditano l'implementazione dal genitore. Questa è chiamata gerarchia di ereditarietà ed è un modello comune utilizzato da molti linguaggi di programmazione.

Il modello di ereditarietà classico funziona abbastanza bene, tuttavia, cosa fare se due classi PHP non correlate devono mostrare un comportamento simile? Ad esempio, la classe PHP `Rivenditore` e un'altra classe PHP `Auto` sono classi molto diverse e non condividono un genitore comune nelle loro gerarchie di ereditarietà.

Tuttavia, entrambe le classi dovrebbero essere rintracciabili tramite le coordinate di latitudine e longitudine per la visualizzazione su una mappa. I traits sono stati creati esattamente per questo scopo.

Consentono implementazioni modulari che possono essere iniettate in classi altrimenti non correlate. In questo modo si incoraggia anche il riutilizzo del codice ma al primo tentativo si cerca di creare una classe genitore comune `Geolocalizzazione` che sarà estesa sia da `Rivenditore` che da `Auto`. Questa è una cattiva soluzione perché costringe due classi altrimenti non correlate a condividere un antenato comune che non appartiene naturalmente a nessuna delle gerarchie di ereditarietà.

Un'altra implementazione consiste nel creare un'interfaccia `Geolocalizzazione` che definisca i metodi necessari per implementare il comportamento di localizzazione. Le classi `Rivenditore` e `Auto` possono entrambe implementare l'interfaccia `Geolocalizzazione`. Questa è una buona soluzione che consente a ciascuna classe di mantenere la propria gerarchia di ereditarietà naturale ma richiede di duplicare lo stesso comportamento in entrambe le classi.

Questa non è una soluzione DRY, ricorda che DRY è l'acronimo di Do not Repeat Yourself (non ripetere te stesso). È considerata una buona pratica evitare la duplicazione dello stesso codice in più posizioni. Rispettando questo principio è possibile modificare il codice solo in un punto, ritrovando le modifiche ovunque.

La migliore implementazione consiste nel creare un trait `Geolocalizzazione` che definisca e implementi i metodi necessari. Posso quindi mescolare il trait `Geolocalizzazione` in entrambe le classi `Rivenditore` e `Auto` senza "inquinare" le loro gerarchie di ereditarietà naturale.

Ecco come definire un trait PHP:

```php
<?php
trait Geolocalizzazione  {
 protected $indirizzo;
 protected $geocoder;
 protected $risultato;

 public function
setGeocoder(\Geocoder\GeocoderInterface
$geocoder)
 {
   $this->geocoder = $geocoder;
 }

 public function
setIndirizzo($indirizzo)
 {
   $this->indirizzo = $indirizzo;
 }

 public function getLatitudine(){
```

```php
  if (isset($this->risultato) === false)
{
    $this->geocodeIndirizzo();
  }
 return $this->risultato-
>getLatitudine();
 }

 public function getLongitudine()
 {
  if (isset($this->risultato) === false)
{
    $this->geocodeIndirizzo();
  }
  return $this->risultato-
>getLongitudine();
 }

 protected function geocodeIndirizzo()
 {
  $this->risultato = $this->geocoder-
>geocode($this->indirizzo);
  return true;
 }
}
?>
```

Il trait definisce solo le proprietà e i metodi necessari per implementare il comportamento, non fa nient'altro. Il nostro trait Geolocalizzazione definisce tre proprietà di classe: un indirizzo (stringa), un oggetto geocoder (un'istanza di \Geocoder\Geocoder dall'eccellente componente willdurand/geocoder di William Durand) e un oggetto risultato (un'istanza di \Geocoder\Risultato\Geocoded).

Abbiamo definito anche quattro metodi pubblici e un metodo `protected`. Il metodo `setGeocoder()` viene utilizzato per iniettare l'oggetto `Geocoder`. Il metodo `setIndirizzo()` viene utilizzato per impostare un indirizzo mentre `getLatitudine()` e `getLongitudine()` restituiscono le rispettive coordinate. Il metodo `geocodeIndirizzo()` passa la stringa dell'indirizzo nell'istanza `Geocoder` per recuperare il risultato del `geocoder`.

Come usarli

Usare un trait in PHP è facile, basta aggiungere la parola chiave use seguita dal nome del trait; all'interno di una definizione di classe PHP. Torniamo al nostro esempio, abbiamo definito il trait Geolocalizzazione. Aggiorniamo la nostra classe Rivenditore in modo che utilizzi il trait Geolocalizzazione. Per motivi di brevità, non fornisco l'implementazione completa della classe Rivenditore:

```php
<?php
class Rivenditore
{
 use Geolocalizzazione;
 // Implementazione della classe
}

?>
```

Questo è tutto ciò che dobbiamo fare. Ora ogni istanza di Rivenditore può utilizzare le proprietà e i metodi forniti da Geolocalizzazione, come mostrato:

```php
<?php
$geocoderAdapter = new
\Geocoder\HttpAdapter\CurlHttpAdapter();
$geocoderProvider = new
\Geocoder\Provider\GoogleMapsProvider($g
eocoderAdapter);
$geocoder = new
\Geocoder\Geocoder($geocoderProvider);
$store = new Rivenditore();
$store->setIndirizzo('Via Pippo, 12 Roma
(RM)');
$store->setGeocoder($geocoder);
$latitudine = $store->getLatitudine();
$longitudine = $store->getLongitudine();
echo $latitudine, ':', $longitudine;

?>
```

Capitolo 5: Generatori

I generatori PHP sono una funzionalità sottoutilizzata ma straordinariamente utile ed introdotta in PHP 5.5.0. Penso che molti sviluppatori PHP non siano a conoscenza dei generatori perché il loro scopo non è immediatamente chiaro.

I generatori sono semplici iteratori, questo è tutto ma a differenza del tuo iteratore PHP standard, i generatori PHP non richiedono l'implementazione dell'interfaccia `Iterator` in una classe. Invece, i generatori calcolano e producono valori di iterazione su richiesta. Ciò ha profonde implicazioni per le prestazioni delle applicazioni.

Un iteratore PHP standard spesso itera su insiemi di dati precompilati in memoria. Questo è inefficiente, specialmente con set di dati grandi e formali che possono essere calcolati. Questo è il motivo per cui utilizziamo i generatori per calcolare e produrre valori al volo senza utilizzare risorse preziose.

I generatori PHP non sono una panacea per le tue esigenze di iterazione. Poiché i generatori non conoscono mai il valore dell'iterazione successiva fino a quando non viene richiesta, è impossibile mandare indietro o far avanzare rapidamente un generatore. Puoi iterare in una sola direzione cioè in avanti. Inoltre, non puoi iterare lo stesso generatore più di una volta, tuttavia, sei libero di ricostruire o clonare un generatore, se necessario.

I generatori sono facili da creare perché sono solo funzioni PHP che utilizzano la parola chiave `yield` una o più volte. A differenza delle normali funzioni PHP, i generatori non restituiscono mai un valore:

```php
<?php
function mioGeneratore() {
 yield 'valore1';
 yield 'valore2';
 yield 'valore3';
}

?>
```

Abbastanza semplice, vero? Quando si richiama la funzione del generatore, PHP restituisce un oggetto che appartiene alla classe Generator e questo oggetto può essere iterato con la funzione foreach(). Durante ogni iterazione, PHP chiede all'istanza di Generator di calcolare e fornire il valore di iterazione successivo.

Ciò che è chiaro è che il generatore mette in pausa il suo stato interno ogni volta che fornisce un valore e riprende lo stato interno quando viene richiesto il valore successivo. Il generatore continua a fermarsi e riprendere fino a quando non raggiunge la fine della sua definizione di funzione o incontra un'istruzione come `return;`.

Per invocare un generatore è sufficiente invocare:

```php
<?php
foreach (mioGeneratore() as $valore) {
 echo $valore, PHP_EOL;
}
?>
```

Ovviamente questo restituirà:

```
valore1
valore2
valore3
```

Facciamo un esempio più concreto:

```php
<?php
function creaRange($dimensione) {
 $dataset = [];
 for ($i = 0; $i < $dimensione; $i++) {
  $dataset[] = $i;
 }
```

```php
  return $dataset;
}

$mioRange = creaRange(1000000);
foreach ($mioRange as $i) {
 echo $i, PHP_EOL;
}

?>
```

Questo esempio fa un cattivo uso della memoria perché il metodo `creaRange()` alloca un milione di interi in una matrice precalcolata. Un generatore PHP può fare la stessa cosa mentre alloca memoria per un solo intero alla volta, come segue:

```php
<?php
function creaRange($dimensione) {
 for ($i = 0; $i < $dimensione; $i++) {
  yield $i;
 }
}

foreach (creaRange(1000000) as $i) {
 echo $i, PHP_EOL;
}

?>
```

Questo è un esempio creato ad hoc, tuttavia, immagina solo tutti i potenziali insiemi di dati che puoi calcolare. Le sequenze numeriche (ad esempio Fibonacci) sono ottimi candidati.

Verifica le tue competenze

1. Trova i numeri primi da 1 a 100000 attraverso iteratori e generatori; verifica in quanto tempo viene terminato ogni task con i due metodi.

2. Crea un file CSV in PHP con almeno 10 colonne e 50000 righe. Leggi questo file CSV con l'uso di un generatore, riga per riga.

Capitolo 6: Chiusure

Le chiusure e le funzioni anonime sono state introdotte in PHP 5.3.0 e sono due delle mie funzionalità PHP preferite e tra le più utilizzate. Sembrano spaventose (almeno questo pensavo quando le ho viste per la prima volta) ma in realtà sono piuttosto semplici da capire. Sono strumenti estremamente utili che ogni sviluppatore PHP dovrebbe avere nella cassetta degli attrezzi.

Una chiusura è una funzione che incapsula lo stato circostante nel momento in cui viene creata. Lo stato incapsulato continua ad esistere all'interno della chiusura quando la chiusura "vive", anche dopo che il suo ambiente originale termina. Questo è un concetto difficile da comprendere ma una volta provato sarà tutto più semplice.

Una funzione anonima è esattamente questo: una funzione senza nome. Le funzioni anonime possono essere assegnate alle variabili e passate proprio come qualsiasi altro oggetto PHP. Ma è ancora una funzione, quindi puoi invocarla e passargli argomenti. Le funzioni anonime sono particolarmente utili come callback di funzioni o metodi.

Le chiusure e le funzioni anonime sono, in teoria, cose separate, tuttavia, PHP li considera la stessa cosa. A questo punto quando dico chiusura, intendo anche funzione anonima e viceversa. Le chiusure PHP e le funzioni anonime utilizzano la stessa sintassi di una funzione ma non lasciarti ingannare perché in realtà sono oggetti camuffati da funzioni PHP.

Se controlli una chiusura PHP o una funzione anonima, scoprirai che sono istanze della classe `Closure`. Le chiusure sono considerate tipi di valore di prima classe, proprio come una stringa o un numero intero quindi sappiamo che le chiusure PHP sembrano funzioni. Non dovresti essere sorpreso, quindi, nel creare una chiusura PHP come segue:

```php
<?php
$closure = function ($nome) {
  return sprintf('Ciao %s', $nome);
};

echo $closure("Antonio");
// Restituisce --> "Ciao Antonio"
?>
```

Come puoi vedere ho creato un oggetto di chiusura e l'ho assegnato alla variabile `$closure`. Sembra una funzione PHP standard: usa la stessa sintassi, accetta argomenti e restituisce un valore, tuttavia, non ha un nome.

Possiamo invocare la variabile `$closure` perché il valore della variabile è una chiusura e gli oggetti chiusura implementano il metodo `\__invoke()`. PHP cerca e chiama questo metodo ogni volta che incontra una coppia di parentesi tonde ben formate `()` dopo il nome di una variabile.

In genere uso oggetti di chiusura PHP come callback di funzioni e metodi e molte funzioni PHP si aspettano funzioni di callback, come `array_map()` e `preg_replace_callback()`. Questa è un'opportunità perfetta per utilizzare le funzioni anonime di PHP!

Ricorda, le chiusure possono essere passate ad altre funzioni PHP come argomenti, proprio come qualsiasi altro valore. Vediamo come si usa un oggetto di chiusura come argomento di callback nella funzione array_map():

```php
<?php
$aggiungiUno = array_map(function
($numero) {
 return $numero + 1;
}, [1,2,3]);

print_r($aggiungiUno);
// Restituisce --> [2,3,4]

?>
```

Confronto di stile

OK, questo esempio non è stato così impressionante, ma ricorda, prima della chiusura gli sviluppatori PHP non avevano altra scelta che creare una funzione denominata a parte e fare riferimento a quella funzione usando il nome. Questa operazione era un po' più lenta da eseguire e separava l'implementazione di una callback dal suo utilizzo. Gli sviluppatori PHP di vecchia generazione usavano codice come questo:

```php
<?php
// Implementazione di una callback
function aggiungiUno ($numero) {
 return $numero + 1;
}

// Uso della callback definita
$numeroPiuUno = array_map('aggiungiUno',
[1,2,3]);
print_r($numeroPiuUno);

?>
```

Sia chiaro che anche questo codice funziona ma non è così ordinato come l'esempio precedente. Non abbiamo bisogno di una funzione denominata `aggiungiUno()` a parte se usiamo la funzione solo una volta come callback. Le chiusure utilizzate come callback creano codice più conciso e decisamente più leggibile.

Capitolo 7: HTTP server

Sapevi che PHP ha un server web integrato a partire da PHP 5.4.0? Questa è un'altra gemma nascosta sconosciuta agli sviluppatori PHP che presumono di aver bisogno di Apache o nginx per visualizzare in anteprima le applicazioni PHP.

Non dovresti usarlo per la produzione ma il server web integrato di PHP è uno strumento perfetto per lo sviluppo locale. Uso il server web integrato di PHP ogni giorno, sia che scriva PHP o meno. Lo uso per visualizzare in anteprima le applicazioni Laravel e Slim Framework. Lo uso durante la creazione di siti Web con il framework di gestione dei contenuti Drupal. Lo uso anche per visualizzare in anteprima HTML e CSS statici se sto solo sviluppando il markup.

Ricorda, il server PHP integrato è un server web e parla HTTP, quindi, può fornire risorse statiche oltre ai file PHP. È un ottimo modo per scrivere e visualizzare in anteprima HTML localmente senza installare MAMP, WAMP o un server web pesante.

È facile avviare il server web PHP, apri la tua applicazione del terminale, vai alla directory principale dei documenti del tuo progetto ed esegui questo comando:

```
php -S localhost:4000
```

Questo comando avvia un nuovo server web PHP accessibile da localhost che è in ascolto sulla porta 4000. La directory di lavoro corrente è la radice dei documenti del server web. È ora possibile aprire il browser Web e accedere a `http://localhost:4000` per visualizzare l'anteprima dell'applicazione.

Mentre navighi nella tua applicazione all'interno del tuo browser web, ogni richiesta HTTP viene registrata come standard in modo che tu possa vedere se la tua applicazione genera risposte con errore 400 o 500.

A volte è utile accedere al server web PHP da altre macchine sulla rete locale (ad esempio, per l'anteprima sul tuo iPad o Windows locale). Per fare ciò, devi indicare al server web PHP di mettersi in ascolto su tutte le interfacce usando 0.0.0.0 invece di localhost:

```
php -S 0.0.0.0:4000
```

Quando sei pronto per fermare il server web PHP, chiudi l'applicazione terminale o premi i tasti Ctrl + C.

Configurare il server

Non è raro che un'applicazione richieda il proprio file di configurazione PHP INI, soprattutto se ha requisiti univoci per l'utilizzo della memoria, il caricamento dei file, la profilazione o la memorizzazione nella cache del bytecode. Puoi dire al server integrato di PHP di utilizzare un file INI specifico con l'opzione -c:

```
php    -S    localhost:8000    -c
app/config/php.ini
```

È una buona idea mantenere il file INI personalizzato sotto la cartella principale dell'applicazione e, facoltativamente, controlla che la versione del file INI sia condivisa con gli altri sviluppatori del tuo team.

Il server integrato in PHP ha una pecca purtroppo, a differenza di Apache o nginx, non supporta i file `.htaccess`. Ciò rende difficile utilizzare i front controller comuni in molti framework PHP popolari.

Un front controller è un singolo file PHP a cui vengono inoltrate tutte le richieste HTTP (tramite file `.htaccess` o regole di riscrittura). Il file PHP del front controller è responsabile dell'instradamento delle richieste e della rimozione delle patch dal codice PHP appropriato. Questo è un modello comune usato da Symfony e altri framework popolari.

Il server PHP integrato mitiga questa pecca con gli script del router. Lo script del router viene eseguito prima di ogni richiesta HTTP. Se lo script del router restituisce `false`, viene restituito l'asset statico a cui fa riferimento l'URI della richiesta HTTP corrente. In caso contrario, l'output dello script del router viene restituito come corpo della risposta HTTP.

In altre parole, se utilizzi uno script router, stai effettivamente codificando la stessa funzionalità di un file `.htaccess`. Usare uno script router è facile, basta passare il percorso del file script PHP come argomento quando si avvia il server integrato PHP:

```
php -S localhost:8000 router.php
```

A volte è utile sapere se il tuo script PHP è stato fornito da un server web PHP integrato oppure da un server web tradizionale come Apache o nginx. Forse è necessario impostare intestazioni specifiche per nginx (ad esempio, `Status:`) che non dovrebbero essere impostate per il server Web PHP.

È possibile rilevare il server Web PHP con la funzione `php_sapi_name()`. Questa funzione restituisce la stringa `cli-server` se lo script

corrente è stato fornito dal server PHP
integrato:

```php
<?php
if (php_sapi_name() === 'cli-server') {
  // PHP web server
} else {
  // Apache, nginx o altro...
}
?>
```

Ricorda bene che il server web integrato di
PHP non deve essere mai utilizzato per la
produzione. È solo per lo sviluppo locale! Se
utilizzi il server web integrato in PHP su una
macchina di produzione, preparati ad avere
molti utenti delusi e una marea di notifiche
sui tempi di inattività di Pingdom.

Il server integrato funziona in modo non
ottimale perché gestisce una richiesta alla
volta e ogni richiesta HTTP è bloccante. La
tua applicazione web si bloccherà se un file
PHP deve attendere una query di database
lenta o una risposta API remota. Il server
integrato, inoltre, supporta solo un numero

limitato di tipi MIME ed offre una riscrittura degli URL limitata con gli script del router. Avrai bisogno sicuramente di Apache o nginx per regole di riscrittura URL più avanzate.

Come hai avuto modo di vedere sino ad ora, PHP ha molte potenti funzionalità che possono migliorare le tue applicazioni. Per ogni approfondimento e per restare aggiornato sulle ultime funzionalità di PHP, visita il sito web https://www.php.net/. Sono sicuro che non vedi l'ora di iniziare ad utilizzare tutte queste divertenti funzionalità nelle tue applicazioni. Tuttavia, è importante utilizzarle correttamente e secondo gli standard della comunità PHP.

Capitolo 8: Gli standard

Esiste un numero sbalorditivo di componenti e framework PHP, esistono framework grandi come Symfony e Laravel ed esistono micro-framework come Silex e Slim. E ci sono framework legacy come CodeIgniter che sono stati costruiti molto prima che esistessero i moderni componenti PHP.

Il moderno ecosistema PHP è un vero e proprio crogiolo di codice che aiuta noi sviluppatori a creare applicazioni sorprendenti. Sfortunatamente, i vecchi framework PHP sono stati sviluppati isolatamente e non condividono il codice con altri framework PHP. Se il tuo progetto utilizza uno di questi vecchi framework PHP, sei bloccato con quel framework e devi vivere all'interno dell'ecosistema del framework.

Il framework giusto?

Questo ambiente centralizzato va bene se sei soddisfatto degli strumenti del tuo framework, tuttavia, cosa succede se si utilizza il framework CodeIgniter ma si desidera selezionare una libreria aggiuntiva dal framework Symfony? Probabilmente sei sfortunato a meno che non scrivi un adattatore specifico per il tuo progetto.

I framework creati isolatamente non sono stati progettati per comunicare con altri framework. Questo è estremamente inefficiente, sia per gli sviluppatori (la loro creatività è limitata dalla scelta del framework) che per i framework stessi (reinventano codice che già esiste altrove).

Però ho buone notizie perché la comunità PHP si è evoluta da un modello di framework centralizzato a un ecosistema distribuito di componenti efficienti, interoperabili e specializzati.

Diversi sviluppatori di framework PHP hanno riconosciuto questo problema e hanno iniziato una conversazione a php|tek (una popolare conferenza PHP) nel 2009. Hanno discusso su come migliorare la comunicazione e l'efficienza tra framework. Invece di scrivere una nuova classe con alta coesione per i log, ad esempio, cosa succederebbe se un framework PHP potesse condividere una classe disaccoppiata come `monolog`?

Invece di scrivere le proprie classi di richieste e risposte HTTP, cosa succederebbe se un framework PHP potesse invece scegliere le classi di richiesta e risposta HTTP dal componente symfony/httpfoundation del Framework Symfony?

Perché questo funzioni, i framework PHP devono parlare un linguaggio comune che consenta loro di comunicare e condividere informazioni con altri framework, quindi, hanno bisogno di standard. Gli sviluppatori di framework PHP che si sono incontrati casualmente a php|tek hanno creato il PHP Framework Interop Group (PHP-FIG).

Il PHP-FIG è un gruppo di rappresentanti del framework PHP che, secondo il sito web di PHP-FIG, "parlano dei punti in comune tra i progetti e trovano modi in cui è possibile lavorare insieme".

PHP-FIG crea delle raccomandazioni che i framework PHP possono implementare volontariamente per migliorare la comunicazione e la condivisione con altri framework.

Il PHP-FIG è un gruppo auto-nominato di rappresentanti del framework e i suoi membri non sono eletti e non sono speciali in alcun modo se non per la loro volontà di migliorare la comunità PHP.

Chiunque può richiedere l'iscrizione e chiunque può inviare feedback ai consigli PHP-FIG che sono nel processo di proposta.

Le raccomandazioni PHP-FIG sono tipicamente adottate e implementate da molti dei framework PHP più grandi e popolari. Ti incoraggio vivamente a partecipare a PHP-FIG, se non altro per inviare feedback e contribuire a plasmare il futuro dei tuoi framework PHP preferiti.

È molto importante capire che PHP-FIG fornisce raccomandazioni.

Queste non sono regole, né requisiti, si tratta di suggerimenti elaborati con cura che semplificano la nostra vita come sviluppatori PHP (e autori di framework PHP).

Interoperabilità

La missione di PHP-FIG è l'interoperabilità dei framework ovvero significa lavorare insieme tramite interfacce, caricamento automatico e stili.

I framework PHP lavorano insieme tramite interfacce condivise infatti le interfacce PHP consentono ai framework di assumere quali metodi sono forniti da dipendenze di terze parti senza preoccuparsi di come le dipendenze implementino l'interfaccia. Ad esempio, un framework è felice di condividere un oggetto logger di terze parti supponendo che l'oggetto logger condiviso implementi i metodi `alert()`, `critical()`, `error()`, `warning()`, `notice()`, `info()` e `debug()`.

Il modo esatto in cui questi metodi vengono implementati è irrilevante. Ogni framework si preoccupa solo del fatto che la dipendenza di terze parti implementi questi metodi.

Le interfacce consentono agli sviluppatori PHP di creare, condividere e utilizzare componenti specializzate invece di framework monolitici.

I framework PHP funzionano bene insieme tramite il caricamento automatico. Il caricamento automatico è il processo mediante il quale una classe PHP viene automaticamente localizzata e caricata su richiesta dall'interprete PHP durante il runtime. Prima della definizione degli standard PHP, i componenti e i framework PHP implementavano i propri caricatori automatici unici utilizzando il metodo `\__autoload()` o il più recente metodo `spl_autoload_register()`.

Questo ha richiesto ad ogni sviluppatore di imparare ed utilizzare un caricatore automatico unico per ogni componente e framework. Al giorno d'oggi, la maggior parte dei moderni componenti e framework PHP sono compatibili con uno standard di caricatore automatico comune, ciò significa che possiamo combinare e abbinare più componenti PHP con un solo caricatore automatico.

I framework PHP per lavorare bene hanno bisogno di regole per lo stile del codice. Lo stile del codice determina la spaziatura, le lettere maiuscole e il posizionamento delle parentesi (tra le altre cose). Se i framework PHP concordano su uno stile di codice standard, gli sviluppatori PHP non hanno bisogno di imparare un nuovo stile ogni volta che utilizzano un nuovo framework PHP.

Al contrario, il codice del framework PHP è immediatamente familiare. Uno standard di codice abbassa anche la curva di apprendimento per i nuovi contributori del progetto, che possono dedicare più tempo a eliminare i bug e meno tempo ad imparare uno stile non familiare.

Lo stile del codice standard migliora anche i nostri progetti. Ogni sviluppatore, infatti, ha uno stile unico e questo diventa un problema quando più sviluppatori lavorano sulla stessa base di codice. Uno stile di codice standard aiuta tutti i membri del team a comprendere immediatamente la stessa base di codice indipendentemente dal suo autore.

Capitolo 9: PSR

Cos'è?

PSR è un acronimo per PHP standards recommendation (raccomandazione sugli standard PHP). Se hai letto di recente un blog relativo a PHP, probabilmente hai visto i termini PSR-1, PSR-2, PSR-3 ecc. questi sono consigli PHP-FIG. I loro nomi iniziano con PSR e finiscono con un numero.

Ogni raccomandazione PHP-FIG risolve un problema specifico che viene spesso riscontrato dalla maggior parte dei framework PHP. Invece di far risolvere continuamente gli stessi problemi, i framework possono adottare le raccomandazioni di PHP-FIG e costruire su soluzioni condivise.

PHP-FIG ha pubblicato cinque raccomandazioni:

- PSR-1: stile di codice base
- PSR-2: stile di codice rigoroso
- PSR-3: interfaccia logger
- PSR-4: caricamento automatico

Nota come le raccomandazioni di PHP-FIG coincidono perfettamente con i tre metodi di interoperabilità che ho menzionato nel capitolo precedente: interfacce, autoloading e stile del codice.

Questa non è una coincidenza, infatti, sono molto d'accordo con i consigli di PHP-FIG perché sono il fondamento del moderno ecosistema PHP.

Definiscono i mezzi con cui le componenti e i framework PHP interagiscono.

Lo ammetto, gli standard PHP non sono gli argomenti più interessanti ma sono prerequisiti per comprendere al meglio PHP.

PSR-1

Se vuoi scrivere codice PHP compatibile con gli standard della comunità, inizia con PSR-1, è lo standard PHP più semplice da usare. È così facile, probabilmente lo stai già usando senza nemmeno provarci. PSR-1 fornisce semplici linee guida facili da implementare con il minimo sforzo. Lo scopo di PSR-1 è fornire uno stile di codice di base per i framework PHP partecipanti. Devi soddisfare questi requisiti per essere compatibile con PSR-1:

- Tag PHP: devi racchiudere il tuo codice PHP con i tag `<?php ?>` o `<?= ?>`. Non devi utilizzare nessun'altra sintassi di tag PHP.
- Codifica: tutti i file PHP devono essere codificati con il set di caratteri UTF-8

senza BOM. Sembra complicato, ma il tuo editor di testo o IDE può farlo automaticamente.

- Caricamento automatico: gli spazi dei nomi e le classi PHP devono supportare lo standard del caricatore automatico PSR-4. Tutto quello che devi fare è scegliere nomi appropriati per i tuoi simboli PHP e assicurarti che i loro file di definizione si trovino nella posizione prevista.

- Nomi delle classi: devono utilizzare il formato CamelCase, questo formato è anche chiamato TitleCase. Esempi sono `SemePianta`, `TazzaCaffe` ecc.

- Nomi delle costanti: devono utilizzare tutti i caratteri maiuscoli. Possono utilizzare il carattere (_) per separare le parole, se necessario. Esempi sono `GRANDEZZA` e `NUMERO_EVENTI`.

- Nomi dei metodi: devono utilizzare il formato camelCase comune. Ciò significa che il primo carattere del nome del metodo è minuscolo e la prima lettera di ogni parola successiva nel nome del metodo è maiuscola. Esempi sono `recuperaValore`, `salutaUtente` e `scriviDocumento`.

PSR-2

Dopo aver implementato la PSR-1, il passo successivo è implementare lo standard PSR-2. Questo standard definisce ulteriormente lo stile del codice PHP con linee guida più rigorose. Lo stile del codice PSR-2 è una manna dal cielo per i framework PHP che hanno molti contributori da tutto il mondo, ognuno dei quali porta il proprio stile e le proprie preferenze. Uno stile rigoroso comune consente agli sviluppatori di scrivere codice che è facilmente e rapidamente compreso da altri contributori.

A differenza della PSR-1, la raccomandazione PSR-2 contiene linee guida più rigorose. Alcune delle linee guida della PSR-2 potrebbero non essere quelle che preferisci, tuttavia, PSR-2 è lo stile di codice preferito da molti framework PHP popolari. Non è necessario utilizzare la PSR-2 ma così facendo migliorerai drasticamente la capacità degli altri sviluppatori di leggere, utilizzare e contribuire al tuo codice PHP. Ecco le regole:

- Implementare la PSR-1: lo stile di codice PSR-2 richiede l'implementazione dello stile di codice PSR-1.

- Indentazione: questo è un argomento molto discusso che è tipicamente diviso in due campi. Il primo preferisce indentare il codice con un solo carattere di tabulazione, il secondo (e molto più interessante) preferisce indentare il codice con diversi caratteri di spazio. La raccomandazione PSR-2 dice che il codice PHP dovrebbe essere rientrato con quattro caratteri spazio.

- File e righe: i file PHP devono utilizzare terminazioni di riga (LF) Unix, devono terminare con una singola riga vuota e non devono includere un tag PHP finale `?>`. Ogni riga di codice non deve superare gli 80 caratteri e, in definitiva, ogni riga di codice non deve superare i 120 caratteri. Ogni riga non deve contenere spazi vuoti finali. Sembra un sacco di lavoro, ma in realtà non lo è perché la maggior parte degli editor di codice ha già la possibilità di fare tutto questo, formattando il tuo codice con pochi tasti secondo le tue preferenze.

- Parole chiave: molti sviluppatori PHP digitano `TRUE`, `FALSE` e `NULL` in caratteri maiuscoli. Se lo fai, cerca di evitare questa pratica e usa solo caratteri minuscoli. La raccomandazione PSR-2 dice che dovresti digitare tutte le parole chiave PHP in minuscolo.

- Spazi dei nomi: ogni dichiarazione di deve essere seguita da una riga vuota. Allo stesso modo, quando importi o definisci un alias con la parola chiave `use`, devi far seguire una riga vuota dopo il blocco di istruzioni.

- Classi: come per l'indentazione, il posizionamento delle parentesi nella definizione di classe è un altro argomento che attira un acceso dibattito. Alcuni preferiscono che la parentesi di apertura risieda sulla stessa riga del nome della classe, altri preferiscono che la parentesi di apertura risieda su una nuova riga dopo il nome della classe. La raccomandazione PSR-2 afferma che la parentesi di apertura di una definizione di classe deve risiedere su una nuova riga immediatamente dopo il nome della definizione di classe. La parentesi di chiusura della definizione di classe deve risiedere su una nuova riga dopo la fine del corpo della definizione di classe. Se la tua classe estende un'altra classe o implementa un'interfaccia, le parole chiave `extends` e `implements` devono apparire sulla stessa riga del nome della classe.

- Metodi: il posizionamento delle parentesi di definizione del metodo è uguale al posizionamento delle parentesi di definizione di classe. La parentesi di apertura della definizione del metodo risiede su una nuova riga immediatamente dopo il nome del metodo. La parentesi di chiusura della definizione del metodo risiede su una nuova riga immediatamente dopo il corpo della definizione del metodo. Presta molta attenzione agli argomenti del metodo. La prima parentesi non ha uno spazio finale e l'ultima parentesi non ha uno spazio che la precede.

- Visibilità: È necessario dichiarare una visibilità per ogni proprietà e metodo di classe. La visibilità può essere pubblica, protetta o privata e determina il modo in cui una proprietà o un metodo è accessibile all'interno e all'esterno della sua classe. Gli sviluppatori PHP della vecchia scuola possono essere abituati ad anteporre alle proprietà delle classi la parola chiave `var` e a prefissare i metodi privati con il carattere underscore `_`. Dimentica questa tecnica ed utilizza una delle visibilità elencate in precedenza. Se dichiari una proprietà o un metodo di una classe come `abstract` o `final`, tali qualificatori devono apparire prima della visibilità. Se si dichiara una proprietà o un metodo come `static`, il qualificatore deve essere visualizzato dopo la visibilità.

- Strutture di controllo: questa è probabilmente la linea guida che violo più spesso. Tutte le parole chiave delle strutture di controllo devono essere seguite da un singolo carattere spazio. Una parola chiave della struttura di controllo è `if`, `elseif`, `else`, `switch`, `case`, `while`, `do while`, `for`, `foreach`, `try` o `catch`. Se la parola chiave della struttura di controllo richiede una serie di parentesi, assicurati che la prima parentesi non sia seguita da uno spazio e assicurati che l'ultima parentesi non sia preceduta da uno spazio. A differenza delle definizioni di classe e metodo, le parentesi quadre che appaiono dopo una parola chiave della struttura di controllo devono rimanere sulla stessa riga della parola chiave della struttura di controllo. La parentesi di chiusura della parola chiave della struttura di controllo deve risiedere su una nuova riga.

PSR-3

La terza raccomandazione PHP-FIG non è un insieme di linee guida come i suoi predecessori. PSR-3 è un'interfaccia e prescrive metodi che possono essere implementati dai componenti del log di PHP.

Un logger è un oggetto che scrive messaggi di varia importanza su un dato output. I messaggi scritti (o loggati) vengono utilizzati per diagnosticare, ispezionare e risolvere i problemi di funzionamento, stabilità e prestazioni dell'applicazione.

Si possono scrivere informazioni di debug in un file di testo durante lo sviluppo, statistiche sul traffico del sito Web in un database o l'invio di messaggi di diagnostica degli errori irreversibili a un amministratore del sito Web.

Il componente logger PHP più popolare è monolog/monolog, creato da Jordi Boggiano.

Molti framework PHP implementano questo standard ma prima di PHP-FIG, ogni framework risolveva il logging in modo diverso, spesso con un'implementazione proprietaria. Nello spirito dell'interoperabilità e della specializzazione, motivi ricorrenti nel nuovo PHP, PHP-FIG ha stabilito l'interfaccia del logger PSR-3.

I framework che accettano logger compatibili con PSR-3 realizzano due cose importanti: i problemi di log sono delegati a terze parti e gli utenti finali possono usare il loro componente logger preferito. È una vittoria per tutti.

PSR-4

La quarta raccomandazione PHP-FIG descrive una strategia per standardizzare il caricatore automatico. Un caricatore automatico è una strategia per trovare una classe, un'interfaccia o un trait PHP e caricarlo nell'interprete PHP su richiesta, in fase di esecuzione. Le componenti e i framework PHP che supportano lo standard PSR-4 possono essere individuati e caricati nell'interprete PHP con un solo caricatore automatico.

Quante volte hai visto codice come questo all'inizio dei tuoi file PHP?

```php
<?php
include 'percorso/al/file1.php';
include 'percorso/al/file2.php';
include 'percorso/al/file3.php';
?>
```

Troppo spesso, vero? Probabilmente hai familiarità con le funzioni `require()`, `require_once()`, `include()` e `include_once()`. Queste funzioni caricano un file PHP esterno nello script corrente e funzionano meravigliosamente se hai solo pochi script PHP.

Tuttavia, cosa succede se è necessario includere un centinaio di script PHP? E se avessi bisogno di includere un migliaio di script PHP?

Le funzioni `require()` e `include()` non si adattano bene ed è per questo che i caricatori automatici PHP sono importanti. Un caricatore automatico è una strategia per trovare una classe, un'interfaccia o un tratto PHP e caricarlo nell'interprete PHP su richiesta e in fase di esecuzione, senza includere esplicitamente i file come nell'esempio precedente.

Prima che PHP-FIG presentasse la sua raccomandazione PSR-4, gli autori di componenti e framework PHP usavano le funzioni `__autoload()` e `spl_autoload_register()` per registrare strategie di caricamento automatico personalizzate.

Sfortunatamente, ogni componente e framework PHP utilizzava un caricatore automatico unico e ogni caricatore automatico utilizzava una logica diversa per individuare e caricare classi, interfacce e caratteristiche PHP. Gli sviluppatori che utilizzavano questi componenti e framework erano obbligati a richiamare il caricatore automatico di ciascun componente durante il bootstrap di un'applicazione PHP.

Personalmente uso sempre il componente del modello Twig di Sensio Labs. Senza PSR-4, tuttavia, devo leggere la documentazione di Twig e capire come registrare il suo caricatore automatico personalizzato nel file bootstrap della mia applicazione, in questo modo:

```php
<?php
require_once
'/percorso/al/Twig/Autoloader.php';
Twig_Autoloader::register();
?>
```

Immagina di dover ricercare e registrare caricatori automatici unici per ogni componente PHP nella tua applicazione. PHP-FIG ha riconosciuto questo problema e ha proposto la raccomandazione del caricatore automatico PSR-4 per facilitare l'interoperabilità dei componenti.

Grazie a PSR-4, possiamo caricare automaticamente tutti i componenti PHP della nostra applicazione con un solo caricatore automatico, tutto ciò è fantastico. La maggior parte dei moderni componenti e framework PHP sono compatibili con PSR-4 pertanto se scrivi e distribuisci i tuoi componenti, assicurati che siano compatibili anche con la PSR-4! I componenti partecipanti includono Symfony, Doctrine, Monolog, Twig, Guzzle, SwiftMailer, PHPUnit, Carbon e molti altri.

Come ogni autoloader PHP, PSR-4 descrive una strategia per individuare e caricare classi, interfacce e caratteristiche PHP durante il runtime. La raccomandazione PSR-4 non richiede di modificare l'implementazione del codice, invece, PSR-4 suggerisce solo come è organizzato il codice in directory del file system e spazi dei nomi PHP.

La strategia di caricamento automatico della PSR-4 si basa sugli spazi dei nomi PHP e sulle directory del file system per individuare e caricare classi, interfacce e traits PHP.

L'essenza della PSR-4 è mappare un prefisso dello spazio dei nomi di primo livello in una directory specifica del filesystem. Ad esempio, posso dire a PHP che classi, interfacce o traits sotto lo spazio dei nomi \Pippo\MioPHP vivono sotto la directory del filesystem `src/pippo`.

PHP ora sa che tutte le classi, interfacce o tratti che usano il prefisso dello spazio dei nomi \Pippo\MioPHP corrispondono alle directory e ai file sotto la directory `src/`.

La strategia di caricamento automatico della PSR-4 è la più rilevante per gli autori di componenti e framework che distribuiscono codice ad altri sviluppatori. Il codice di un componente PHP risiede sotto uno spazio dei nomi univoco del fornitore e l'autore del componente specifica quale directory del filesystem corrisponde allo spazio dei nomi del fornitore del componente, esattamente come ho dimostrato in precedenza.

Capitolo 10: Componenti

Oggi PHP si occupa sempre meno di framework monolitici e si focalizza sempre di più sulla composizione di soluzioni da componenti specializzati e interoperabili. Quando creo una nuova applicazione PHP, raramente raggiungo direttamente Laravel o Symfony, al contrario, penso a quali componenti PHP esistenti posso combinare per risolvere il mio problema.

I componenti PHP sono un nuovo concetto per molti programmatori PHP e anch'io non avevo idea dei componenti PHP fino a pochi anni fa. Istintivamente avviavo le applicazioni PHP con framework enormi come Symfony o CodeIgniter senza considerare altre opzioni.

Ho investito in un ecosistema chiuso di un unico framework e ho utilizzato solo gli strumenti che forniva. Quando il framework non forniva ciò di cui avevo bisogno, ero sfortunato e dovevo creare le funzionalità aggiuntive da solo. Era anche difficile integrare librerie personalizzate o di terze parti in framework più grandi perché non condividevano interfacce comuni.

Sono lieto di informarti che i tempi sono cambiati e non siamo più legati alle strutture monolitiche e ai loro giardini recintati da filo spinato perché i componenti ci danno una mano.

Un componente è un pacchetto di codice che aiuta a risolvere un problema specifico nella tua applicazione PHP. Ad esempio, se la tua applicazione PHP invia e riceve richieste HTTP, c'è un componente per farlo. Se la tua applicazione PHP analizza dati delimitati da virgole, è disponibile un componente PHP per farlo. Se la tua applicazione PHP ha bisogno di un modo per registrare i messaggi, c'è un componente anche per quello.

Invece di ricostruire funzionalità già risolte, utilizziamo componenti PHP già pronte e testate in modo da dedicare più tempo nel risolvere gli obiettivi più interessanti del nostro progetto. In qualsiasi mercato, ci sono prodotti buoni e prodotti scadenti e lo stesso concetto si applica ai componenti PHP. Proprio come ispezioni una mela al supermercato, puoi usare alcuni trucchi per individuare un buon componente PHP.

Cerca componenti che siano incentrate alla risoluzione di un solo problema, che siano di dimensioni compatte, cooperative e ben testate.

Un altro aspetto da non sottovalutare riguarda anche la documentazione, dovrebbe essere facile per gli sviluppatori installare, comprendere e utilizzare un componente e solo una buona documentazione rende possibile ciò.

CSS

Premessa

I fogli di stile a cascata, in breve CSS, ti offrono un controllo creativo sul layout e sul design delle tue pagine web. Con i CSS, rendere il testo del tuo sito con titoli accattivanti, così come bordi e sfondi, è solo l'inizio. Puoi anche organizzare le immagini con precisione, creare colonne e banner ed evidenziare i tuoi collegamenti con effetti di dinamici. Puoi persino rendere gli elementi in dissolvenza in entrata o in uscita, spostare oggetti nella pagina o fare in modo che un pulsante cambi lentamente i colori quando un utente ci passa il mouse sopra.

Tutto ciò è piuttosto complicato, vero? Al contrario! L'idea alla base dei CSS è di semplificare il processo di styling delle pagine web.

Ricorda che CSS è un linguaggio di stile e lo usi per fare in modo che HTML, il linguaggio fondamentale di tutte le pagine web, abbia un bell'aspetto. Bene, si spera che utilizzerai i CSS per rendere le tue pagine web più che belle. Dopo aver letto questo libro, sarai in grado di rendere le tue pagine web belle, funzionali e facili da usare.

Pensa all'HTML come alla struttura di base dei tuoi contenuti e al CSS come a un designer che prende il tuo semplice HTML e lo arricchisce con un carattere di fantasia, un bordo con angoli arrotondati o uno sfondo rosso brillante. Ma prima di iniziare a conoscere i CSS, è necessario comprendere l'HTML quindi questo libro presume che tu abbia già una certa conoscenza di HTML.

Forse hai creato uno o due siti (o almeno una o due pagine) e hai una certa familiarità con il mare di tag - `<html>`, `<p>`, `<h1>`, `<table>`

- che compongono il markup ipertestuale Linguaggio.

CSS non può esistere senza HTML quindi devi sapere come creare una pagina web utilizzando HTML di base. Se in passato hai utilizzato HTML per creare pagine web, ma ritieni che la tua conoscenza sia un po' arrugginita, ti consiglio di rispolverare il libro di HTML.

Per creare pagine web composte da HTML e CSS, non serve altro che un editor di testo di base come Blocco note (Windows) o TextEdit (Mac) ma dopo aver digitato alcune centinaia di righe di HTML e CSS, potresti provare un programma più adatto a lavorare con le pagine web. Ecco alcuni programmi comuni, alcuni gratuiti ed alcuni che puoi acquistare. Ci sono molti programmi gratuiti là fuori per modificare pagine web e fogli di stile. Se stai ancora utilizzando Blocco note o TextEdit, prova uno di questi:

- Brackets (Windows, Mac, Linux). Guidato da Adobe, questo editor di testo gratuito e open source dispone di molti strumenti per lavorare con HTML e CSS. È scritto appositamente per web designer e sviluppatori.

- Atom (Windows, Mac, Linux). Un altro editor di testo gratuito e open source creato dalle persone dietro GitHub, il popolare sito di condivisione e collaborazione di codice. Come Brackets, questo nuovo editor di testo è rivolto agli sviluppatori web.

- jEdit (Windows, Mac, Linux). Questo editor di testo gratuito basato su Java funziona su tutti i computer e include molte funzionalità che potresti trovare negli editor di testo commerciali, come l'evidenziazione della sintassi per CSS. • Notepad++ (Windows). Molte persone giurano fedeltà a questo veloce editor di testo. Ha anche funzionalità integrate che lo rendono ideale per la scrittura di HTML e CSS, come l'evidenziazione della sintassi, tag con codifica a colori e parole chiave speciali per semplificare l'identificazione degli elementi HTML e CSS della pagina.

I programmi di sviluppo di siti Web commerciali vanno da editor di testo poco costosi a strumenti di costruzione di siti Web completi con tutti gli strumenti più avanzati:

- EditPlus (Windows) è un editor di testo economico che include evidenziazione della sintassi, FTP, completamento automatico e altre funzioni per risparmiare il polso.

- skEdit (Mac) è un editor di pagine web poco costoso, completo di FTP / SFTP, suggerimenti sul codice e altre utili funzioni.

- Coda2 (Mac) è un toolkit di sviluppo web completo. Include un editor di testo, un'anteprima della pagina, FTP / SFTP e strumenti CSScreating grafici per la creazione di CSS.

- Sublime Text (Mac, Windows, Linux) è un potente editor di testo amato da molti programmatori web. Lo troverai spesso nelle società di web design.

- Dreamweaver (Mac e Windows) è un editor visivo di pagine web. Ti consente di vedere come appare la tua pagina in un browser web. Il programma include anche un potente editor di testo e ottimi strumenti di creazione e gestione CSS.

Capitolo 1: Le basi

CSS non è niente senza HTML. L'HTML fornisce alle pagine web contenuti e una struttura significativa e, sebbene possa non essere carino da solo, il Web non esisterebbe senza di esso, quindi, per ottenere il massimo dalla tua formazione CSS, devi sapere come scrivere HTML per creare una base solida e ben costruita.

Questo capitolo introduce le basi del CSS e mostra come scrivere HTML migliore e compatibile con i CSS. La buona notizia è che quando usi CSS in tutto il tuo sito, l'HTML diventa effettivamente più facile da scrivere. Non è necessario provare a trasformare del codice HTML con un design che non gli appartiene. CSS offre la maggior parte della progettazione grafica che probabilmente vorrai usare e le pagine HTML scritte per funzionare con CSS sono più facili da creare, poiché richiedono meno codice da scrivere. Queste pagine saranno anche più veloci da scaricare: un aspetto molto importante per i visitatori del tuo sito.

L'HTML fornisce le basi per ogni pagina che incontri sul Web. Quando aggiungi CSS, l'HTML diventa più semplice, perché non è necessario utilizzare tag HTML (come il vecchio tag `<font>`) per controllare l'aspetto di una pagina web, tutto quel lavoro è per CSS.

Ma prima di passare ai CSS, ecco una rapida panoramica del passato (e del presente) dell'HTML. Tutto sembrava funzionare bene quando un gruppo di scienziati ha creato il Web per condividere la loro documentazione tecnica, nessuno ha interpellato dei grafici. Tutto ciò che gli scienziati avevano bisogno di fare con HTML era strutturare le informazioni per una facile comprensione.

Ad esempio, il tag `<h1>` indica un titolo importante, mentre il tag `<h2>` rappresenta un'intestazione minore, di solito un sottotitolo del tag `<h1>`. Un altro preferito, il tag `<ol>` (elenco ordinato), crea un elenco numerato per cose come "I 10 veicoli più comprati del 2021" ma non appena persone diverse dagli scienziati hanno iniziato a utilizzare HTML, hanno voluto che le loro pagine web avessero un bell'aspetto.

Così i web designer hanno iniziato a utilizzare i tag per controllare l'aspetto piuttosto che le informazioni sulla struttura. Ad esempio, puoi utilizzare il tag `<blockquote>` (destinato a materiale citato da un'altra fonte) su qualsiasi testo per indentarlo un po'. Puoi utilizzare i tag di intestazione per rendere il testo più grande e più accattivante, indipendentemente dal fatto che funzioni come intestazione.

In una soluzione alternativa ancora più elaborata, i designer hanno imparato a utilizzare il tag `<table>` per creare colonne di testo e posizionare accuratamente immagini e testo su una pagina. Sfortunatamente, poiché il tag aveva lo scopo di visualizzare dati simili a fogli di lavoro (risultati di ricerca, orari dei treni e così via), i progettisti dovevano essere creativi utilizzando il tag `<table>` in modi insoliti, a volte annidando una tabella all'interno di una tabella all'interno di un'altra per dare un bell'aspetto alle loro pagine.

Nel frattempo, i produttori di browser hanno introdotto nuovi tag e attributi allo scopo specifico di migliorare l'aspetto di una pagina. Il tag `<font>`, ad esempio, ti consente di specificare un colore del carattere, un carattere tipografico e una delle sette diverse dimensioni. Infine, quando i designer non potevano ottenere esattamente ciò che volevano, spesso ricorrevano all'uso della grafica.

Ad esempio, per creare un'immagine di grandi dimensioni e layout esatti per gli elementi della pagina Web, hanno iniziato a suddividere i file Photoshop in file più piccoli per ricomporli all'interno delle tabelle per ricreare il design originale. Sebbene tutte le tecniche precedenti (utilizzo dei tag in modo creativo, sfruttamento degli attributi dei tag specifici del design e uso estensivo della grafica) forniscano il controllo del design sulle pagine, aggiungono anche molto codice HTML. Più codice rende il tuo sito più difficile da costruire e molto più lento per i tuoi visitatori.

Indipendentemente dal contenuto della tua pagina web, che sia il calendario della stagione di pesca, le indicazioni stradali per raggiungere l'IKEA o le immagini della festa di compleanno di tuo figlio, il design della pagina fa la differenza. Un buon design migliora il messaggio del tuo sito, aiuta i visitatori a trovare ciò che stanno cercando e determina come il resto del mondo vede il tuo sito web.

Ecco perché i web designer sono passati attraverso le contorsioni descritte nella sezione precedente per forzare l'HTML ad avere un bell'aspetto. Assumendosi questi compiti di progettazione, CSS consente all'HTML di tornare a fare ciò che sa fare meglio: strutturare il contenuto.

L'uso dell'HTML per controllare l'aspetto del testo e di altri elementi della pagina web è obsoleto. Non preoccuparti se il tag HTML

`<h1>` è troppo grande per i tuoi gusti o gli elenchi puntati non sono spaziati correttamente. Puoi occupartene in seguito usando CSS, invece, pensa all'HTML come a un metodo per aggiungere una struttura al contenuto che desideri sul Web. Usa HTML per organizzare i tuoi contenuti e CSS per renderli fantastici.

Capitolo 2: Pensa nel modo giusto

Se sei un principiante nel web design, potresti aver bisogno di alcuni suggerimenti utili per usare HTML (e per evitare le tecniche HTML ben pensate ma obsolete). Oppure, se crei pagine web da un po' di tempo, potresti aver preso alcune cattive abitudini che faresti meglio a dimenticare. Il resto di questo capitolo ti introduce ad alcune abitudini di scrittura in HTML che ti renderanno orgoglioso del tuo lavoro e ti aiuteranno ad ottenere il massimo dal CSS.

HTML aggiunge significato al testo dividendolo logicamente e identificando il ruolo che svolge nella pagina: Ad esempio, il tag `<h1>` è l'introduzione più importante al contenuto di una pagina. Altre intestazioni ti consentono di dividere il contenuto in sezioni meno importanti ma correlate. Proprio come questo libro, una pagina web necessita di una struttura logica. Ogni capitolo di questo libro ha un titolo e diverse sezioni che, a loro volta, contengono sottosezioni più piccole.

Immagina quanto sarebbe difficile leggere queste pagine se le parole cadessero insieme come un unico e lungo paragrafo. L'HTML fornisce molti altri tag oltre alle intestazioni per contrassegnare il contenuto e identificarne il ruolo. (Dopo tutto, la M in HTML sta per markup.)

Tra i più popolari ci sono il tag `<p>` per i paragrafi di testo e il tag `<ul>` per la creazione di elenchi puntati (non numerati). I tag meno conosciuti possono indicare tipi di contenuti molto specifici, come `<abbr>` per le abbreviazioni e `<code>` per il codice del computer. Quando scrivi HTML per CSS, usa un tag che si avvicinino il più possibile al ruolo che il contenuto gioca nella pagina, non al modo in cui appare. Ad esempio, un mucchio di link in una barra di navigazione non è realmente un titolo e non è un normale paragrafo di testo.

È più simile a un elenco puntato di opzioni, quindi il tag `<ul>` è una buona scelta. Se stai pensando: "Ma gli elementi in un elenco puntato sono impilati verticalmente uno sopra l'altro e voglio una barra di navigazione orizzontale in cui ogni link si trova accanto al link precedente", non preoccuparti. Con CSS puoi convertire un elenco verticale di link in un'elegante barra di navigazione orizzontale.

Il variegato assortimento di tag HTML non copre l'ampia gamma di contenuti che probabilmente avrai su una pagina web. Certo, `<code>` è ottimo per contrassegnare il codice di un programma per computer, ma la maggior parte delle persone troverebbe un tag `<recipe>` più pratico, peccato che non esista. Fortunatamente, HTML fornisce diversi tag "strutturali" che consentono di identificare e raggruppare meglio i contenuti e, nel processo, fornisce un supporto che consente di allegare stili CSS a diversi elementi della pagina.

HTML5 ha introdotto una gamma molto più ampia di tag che ti consentono di raggruppare contenuti che svolgono una particolare funzione, come il tag `<footer>`, che puoi utilizzare per raggruppare informazioni supplementari come un avviso di copyright, informazioni di contatto o un elenco di risorse.

I tag `<div>` e `<span>` sono stati utilizzati per gran parte della vita del Web. Sono stati tradizionalmente utilizzati per organizzare e raggruppare contenuti che non si prestano del tutto ad altri tag HTML. Pensa a loro come a vasi vuoti che riempi di contenuto. Un `div` è un blocco, il che significa che ha un'interruzione di riga prima e dopo, mentre `span` appare in linea, come parte di un paragrafo. Altrimenti, `div` e `span` non hanno proprietà visive intrinseche, quindi puoi utilizzare CSS per farli apparire come preferisci.

Il tag `<div>` indica qualsiasi blocco discreto di contenuto, molto simile a un paragrafo o a un titolo ma più spesso viene utilizzato per raggruppare un numero qualsiasi di altri elementi, quindi puoi inserire un titolo, un gruppo di paragrafi e un elenco puntato all'interno di un singolo blocco `<div>`. Il tag `<div>` è un ottimo modo per suddividere una pagina in aree logiche, come banner, piè di pagina, barra laterale e così via. Utilizzando CSS, è possibile posizionare in seguito ciascuna area per creare un layout di pagina sofisticati.

Il tag `<span>` viene utilizzato per gli elementi inline: parole o frasi che compaiono all'interno di un paragrafo o un'intestazione più grande. Trattalo come gli altri tag HTML in linea, come il tag `<a>` (per aggiungere un collegamento a un testo in un paragrafo) o il tag `<strong>` (per enfatizzare una parola in un paragrafo). Ad esempio, potresti utilizzare un tag `<span>` per indicare il nome di un'azienda, quindi utilizzare CSS per evidenziare il nome utilizzando un carattere, un colore e così via diversi.

Questi tag sono usati frequentemente nelle pagine web ricche di CSS e in questo libro imparerai come utilizzarli in combinazione con CSS per ottenere il controllo creativo sulle tue pagine web.

Cosa dimenticare

I CSS ti consentono di scrivere HTML più semplice per una grande ragione: ci sono molti vecchi tag HTML che dovresti dimenticare (se li stai ancora utilizzando). Il tag `<font>` è l'esempio più lampante. Il suo unico scopo è aggiungere un colore, una dimensione e un carattere al testo. Non fa nulla per rendere più comprensibile la struttura della pagina.

Ecco un elenco di tag e attributi che puoi facilmente sostituire con CSS:

- Dimentica `<font>` per controllare la visualizzazione del testo. I CSS fanno un lavoro molto migliore con il testo.

- Non utilizzare i tag `<b>` e `<i>` per enfatizzare il testo. Se desideri che il testo sia davvero enfatizzato, utilizza il tag `<strong>`, che i browser normalmente visualizzano in grassetto. In alternativa, usa il tag `<em>` che i browser visualizzano in corsivo. Puoi usare CSS per rendere qualsiasi testo su una pagina in corsivo, grassetto o entrambi. Mentre HTML 4 ha cercato di eliminare gradualmente i tag `<b>` e `<i>`, HTML5 li ha ripristinati. In HTML5 il tag `<b>` ha lo scopo di rendere il testo in grassetto senza aggiungere alcun significato a quel testo (cioè, vuoi solo che il testo sia in grassetto ma non vuoi che le persone trattino quel testo in modo significativo). Allo stesso modo, il tag `<i>` viene utilizzato per mettere in corsivo il testo, ma non per enfatizzarne il significato.

- Ignora il tag `<table>` per il layout di pagina. Utilizza le tabelle solo per visualizzare informazioni come fogli di lavoro, pianificazioni e grafici. Come vedrai, puoi fare tutto il tuo layout con CSS usando molto meno tempo e codice rispetto al tag `table`.

- Non abusare del tag `<br>`. Se sei cresciuto utilizzando questo tag per inserire un'interruzione di riga senza creare un nuovo paragrafo, allora sei pronto per una sorpresa. I browser inseriscono automaticamente, e talvolta in modo esasperante, un po' di spazio tra i paragrafi, anche tra le intestazioni e i tag `<p>`. In passato, i progettisti utilizzavano soluzioni alternative elaborate per evitare la spaziatura dei paragrafi che non desideravano, come sostituire un singolo tag `<p>` con un mucchio di interruzioni di riga e utilizzando un tag `<font>` per far sembrare la prima riga del paragrafo un titolo.

Utilizzando i controlli per il margine di CSS, puoi facilmente impostare la quantità di spazio che vuoi vedere tra paragrafi, intestazioni e altri elementi a livello di blocco. Come regola generale, l'aggiunta di attributi ai tag che impostano colori, bordi, immagini di sfondo o allineamento, inclusi gli attributi che consentono di formattare i colori, è puro HTML della vecchia scuola. Per tutto questo è preferibile usare CSS per controllare il posizionamento del testo, i bordi, gli sfondi e l'allineamento dell'immagine.

Capitolo 3: Come funziona

Anche i siti web più complessi e belli, iniziano con un unico stile CSS. Man mano che aggiungi più stili e fogli di stile, puoi sviluppare siti Web che ispirano i designer e stupiscono i visitatori. Che tu sia un principiante CSS o un samurai dei fogli di stile, devi obbedire ad alcune regole di base su come creare stili e fogli di stile. In questo capitolo, inizierai dal punto di partenza, imparando le basi per creare e utilizzare stili e fogli di stile.

Un unico stile che definisce l'aspetto di un elemento su una pagina è piuttosto semplice. È essenzialmente solo una regola che dice a un browser web come formattare qualcosa su una pagina web: trasforma un titolo in blu, disegna un bordo rosso attorno a una foto o crea un riquadro della barra laterale di 150 pixel per contenere un elenco di link. Se uno stile potesse parlare, direbbe qualcosa del tipo: "Ehi Browser, falla sembrare così".

Uno stile è, infatti, composto da due parti: l'elemento della pagina web che il browser formatta (il selettore) e le istruzioni di formattazione reali (il blocco di dichiarazione). Ad esempio, un selettore può essere un titolo, un paragrafo di testo, una foto e così via. I blocchi di dichiarazione possono trasformare il testo in blu, aggiungere un bordo rosso attorno a un paragrafo, posizionare la foto al centro della pagina: le possibilità sono infinite.

Ovviamente, gli stili CSS non possono comunicare in un inglese come vorremmo perché hanno la loro lingua. Ad esempio, per impostare un colore e una dimensione del carattere standard per tutti i paragrafi di una pagina web, dovresti scrivere quanto segue:

```
p { color: red; font-size: 1.5em; }
```

Questo stile dice semplicemente: "Rendi il testo in tutti i paragrafi, contrassegnato con tag `<p>`, rosso e alto `1.5 em`". (un `em` è un'unità di misura basata sulla dimensione del testo normale di un browser.) Anche uno stile semplice come questo esempio contiene diversi componenti:

- **Selettore**. Come descritto in precedenza, il selettore indica a un browser Web quale o quali elementi di una pagina applicare lo stile, ad esempio un titolo, un paragrafo, un'immagine o un collegamento. In questo caso il selettore fa in modo che i browser web formattino tutti i tag `<p>` usando le direzioni di formattazione in questo stile. Con l'ampia gamma di selettori offerti da CSS e un po' di creatività, sarai in grado di individuare qualsiasi elemento su una pagina e formattarlo nel modo desiderato.

- **Blocco dichiarazione**. Il codice che segue il selettore include tutte le opzioni di formattazione che si desidera applicare al selettore. Il blocco inizia con una parentesi graffa di apertura ({) e termina con una parentesi graffa di chiusura (}).

- **Dichiarazione**. Tra le parentesi graffe di apertura e chiusura di un blocco di dichiarazione, si aggiungono una o più dichiarazioni o istruzioni di formattazione. Ogni dichiarazione ha due parti: una proprietà e un valore. I due punti separano il nome della proprietà e il suo valore e l'intera dichiarazione termina con un punto e virgola.

- **Proprietà**. CSS offre una vasta gamma di opzioni di formattazione, chiamate proprietà. Una proprietà è una parola, o poche parole separate da un trattino, che indica un certo effetto di stile. La maggior parte delle proprietà ha nomi semplici come `font`, `margin` e `color`. Ad esempio, la proprietà `background-color` imposta un colore di sfondo. Imparerai a conoscere una gran quantità di proprietà CSS in questo libro. È necessario aggiungere i due punti dopo il nome della proprietà per separarlo dal valore

- **Valore**. Puoi esprimere il tuo genio creativo assegnando un valore a una proprietà CSS, ad esempio creando uno sfondo blu, rosso, viola o beige.

Diverse proprietà CSS richiedono specifici tipi di valori: un colore (come il `red` o `#FF0000`), una lunghezza (come `18px`, `200%` o `5em`), un URL (come `immagini/sfondo.gif`) o una parola chiave specifica (come `top`, `center`, `bottom` ecc.)

Non è necessario scrivere uno stile su una singola riga, come mostrato prima. Molti stili hanno più proprietà di formattazione, quindi puoi renderli più facili da leggere suddividendoli in più righe. Ad esempio, potresti voler mettere il selettore e la parentesi graffa di apertura sulla prima riga, ogni dichiarazione sulla propria riga e la parentesi graffa di chiusura da sola sull'ultima riga, in questo modo:

```
p {
  color: red;
  font-size: 1.5em;
}
```

I browser Web ignorano gli spazi e i tab, quindi sentiti libero di aggiungerli per rendere il tuo CSS più leggibile.

Ad esempio, è utile indentare le proprietà, con una tabulazione o un paio di spazi, per separare visibilmente il selettore dalle dichiarazioni, rendendo più facile capire il loro ruolo. Inoltre, l'inserimento di uno spazio tra i due punti e il valore della proprietà è facoltativo ma aumenta la leggibilità dello stile. In effetti, puoi mettere tutto lo spazio bianco tra i due che desideri. Ad esempio, `color: red`, `color:    red` e `color:    red` funzionano tutti allo stesso modo.

Capitolo 4: Interno o esterno?

Ovviamente, un'unica regola non trasformerà una pagina web in un'opera d'arte. Può rendere rossi i tuoi paragrafi ma per infondere nei tuoi siti web un design eccezionale, hai bisogno di molti stili diversi. Una raccolta di stili CSS comprende un foglio di stile.

Un foglio di stile può essere di due tipi: interno o esterno, a seconda che le informazioni sullo stile si trovino nella pagina web stessa o in un file separato collegato alla pagina web.

La maggior parte delle volte, i fogli di stile esterni sono la miglior strada da percorrere poiché rendono più semplice la creazione di pagine Web e l'aggiornamento dei siti Web più veloce. Un foglio di stile esterno raccoglie tutte le informazioni sullo stile in un unico file che poi colleghi a una pagina web grazie ad una sola riga di codice.

Puoi allegare lo stesso foglio di stile esterno a ogni pagina del tuo sito web, fornendo un design unificato e coerente. Questo metodo rende più facile anche un completo rifacimento del sito, come modificare un singolo file di testo. Sul lato utente, i fogli di stile esterni aiutano le pagine web a caricarsi più velocemente infatti quando utilizzi un foglio di stile esterno, le tue pagine web possono contenere solo HTML di base, nessun tag `<font>` e nessun codice di stile CSS interno.

Inoltre, quando un browser web scarica un foglio di stile esterno, memorizza il file sul computer del visitatore (in una cartella dietro le quinte chiamata cache) per un rapido accesso. Quando il visitatore passa ad altre pagine del sito che utilizzano lo stesso foglio di stile esterno, non è necessario che il browser scarichi di nuovo il foglio di stile. Il browser scarica semplicemente il file HTML richiesto ed estrae il foglio di stile esterno dalla sua cache con un notevole risparmio di tempo per il download.

La cache di un browser aumenta notevolmente la velocità di navigazione per gli utenti del Web infatti ogni volta che la cache scarica e memorizza un file utilizzato di frequente, come un file CSS esterno o un'immagine, risparmia tempo e dati. Invece di scaricare di nuovo la volta successiva lo stesso file, il browser può focalizzarsi solo sulla pagina da visualizzare.

Tuttavia, ciò che è buono per i tuoi visitatori non è sempre buono per te poiché il browser

Web memorizza nella cache e riusa i file CSS esterni scaricati pertanto è possibile inciampare mentre si lavora alla progettazione del sito.

Supponi di lavorare su una pagina che utilizza un foglio di stile esterno e di visualizzare l'anteprima della pagina in un browser. Qualcosa non sembra corretto, quindi torni al tuo editor web e modifichi il file CSS esterno. Quando torni al browser web e ricarichi la pagina, la modifica appena apportata non viene visualizzata! Sei appena stato catturato dalla cache. Quando ricarichi una pagina web, i browser non sempre ricaricano il foglio di stile esterno, quindi potresti non vedere l'ultima e migliore versione dei tuoi stili.

Per aggirare questo problema, puoi forzare il ricaricamento di una pagina (che ricarica anche tutti i file collegati) premendo il tasto

Ctrl e facendo clic sul pulsante Ricarica del browser; Ctrl + F5 funziona anche per Chrome e Internet Explorer; Ctrl + Maiusc + R è la scorciatoia da tastiera di Firefox e Ctrl + R funziona sia per Safari che per Chrome per Mac.

Fogli di stile interni

Un foglio di stile interno, al contrario, è una raccolta di stili che fa parte del codice della pagina web. Viene sempre visualizzato tra i tag HTML <style> di apertura e di chiusura nella parte <head> della pagina. Ecco un esempio:

```html
<html>
<head>
 <style>
 h1 {
  color: #FF7643;
  font-family: Arial;
 }
 p {
  color: red;
  font-size: 1.5em;
 }
 </style>
</head>

<body>
<!-- Resto della pagina... -->
```

Il tag `<style>` è HTML, non CSS e il suo compito è dire al browser web che le informazioni contenute nei tag sono codice CSS e non HTML. Creare un foglio di stile interno è semplice come digitare uno o più stili tra i tag `<style>`. I fogli di stile interni sono facili da aggiungere a una pagina web e forniscono una spinta visiva immediata al tuo HTML ma non sono il metodo più efficiente per progettare un intero sito web composto da molte pagine web.

Per prima cosa, devi copiare e incollare il foglio di stile interno in ogni pagina del tuo sito, un compito che richiede del tempo e che aggiunge codice che consuma larghezza di banda a ciascuna pagina.

Ma i fogli di stile interni sono ancora più una seccatura quando vuoi aggiornare l'aspetto di un sito. Ad esempio, supponi di voler modificare il tag `<h1>`, che originariamente era grande, verde e in grassetto. Ora vuoi un carattere piccolo e blu nel carattere Courier. Utilizzando fogli di stile interni, dovresti modificare ogni pagina. Chi ha tutto quel tempo? Fortunatamente, esiste una soluzione semplice a questo dilemma: fogli di stile esterni.

Fogli di stile esterni

Un foglio di stile esterno non è altro che un file di testo contenente tutte le tue regole CSS. Non contiene mai codice HTML quindi non includere il tag `<style>` in un file di foglio di stile esterno.

Inoltre, devi far terminare sempre il nome del file con l'estensione `.css`. Puoi nominare il file come preferisci, ma vale la pena essere descrittivo, usa `global.css`, `sito.css` o semplicemente `stili.css`, ad esempio, per indicare un foglio di stile usato da ogni pagina del sito, oppure usa `form.css` per nominare un file contenente gli stili usati per far sembrare bello un modulo web.

Una volta creato un foglio di stile esterno, è necessario collegarlo alla pagina web che si desidera formattare. Per farlo, utilizza il tag HTML `<link>` in questo modo:

```
<link   rel   =   "stylesheet"   href   =
"css/stili.css">
```

Il tag `<link>` ha due attributi obbligatori:

- `rel = "stylesheet"` indica il tipo di collegamento: in questo caso, un collegamento a un foglio di stile.
- `href` punta alla posizione del file CSS esterno sul sito. Il valore di questa proprietà è un URL e varia a seconda di dove conservi il file CSS. Funziona allo stesso modo dell'attributo `src` che usi quando aggiungi un'immagine a una pagina o dell'attributo `href` di un link che punta a un'altra pagina.

Capitolo 5: Il mio stile

Questo capitolo ti guiderà attraverso i passaggi di base per l'aggiunta di stili inline, la scrittura di regole CSS e la creazione di fogli di stile interni ed esterni. Lavorerai su vari design CSS, da semplici elementi di design a layout di pagine web abilitati per CSS completi. Avvia il tuo software preferito per l'elaborazione di pagine web, che si tratti di un semplice editor di testo come Blocco note o TextEdit o di un editor più completo come Sublime Text, Atom o Dreamweaver.

Creazione di uno stile inline

Quando digiti una regola CSS direttamente nell'HTML di una pagina, stai creando uno stile inline (in linea). Gli stili in linea non offrono nessuno dei vantaggi di risparmio di tempo e larghezza di banda dei fogli di stile esterni quindi i professionisti non li usano quasi mai. Tuttavia, se devi assolutamente cambiare lo stile su un singolo elemento su una singola pagina, allora potresti voler ricorrere a uno stile in linea. (Ad esempio, quando si creano messaggi di posta elettronica in formato HTML, è meglio utilizzare gli stili in linea. Questo è l'unico modo per far funzionare i CSS in Gmail, per prima cosa.)

L'importante è posizionare con attenzione lo stile all'interno del tag che desideri formattare. Ecco un esempio che ti mostra esattamente come farlo:

1. Crea il tuo file `index.html` con HTML5 in modo che contenga un paio di intestazioni diverse, alcuni paragrafi e un avviso di copyright all'interno di un tag `<address>`. Inizia a creare uno stile in linea per il tag `<h1>`.

2. Fai clic all'interno del tag di apertura `<h1>` e digita `style="color:#6A94CC;"`. Il tag dovrebbe avere questo aspetto:
```
<h1 style = "color: #6A94CC;">
```
L'attributo di stile è HTML, non CSS, quindi utilizza il segno di uguale e racchiudi tutto il codice CSS tra virgolette, infatti, solo ciò che è all'interno delle virgolette è codice CSS. In questo caso, hai aggiunto una proprietà denominata `color`, che influisce sul colore del testo e hai

impostato tale proprietà su `#6A94CC`, un codice esadecimale per definire un colore che è blu. I due punti separano il nome della proprietà dal valore della proprietà desiderato, come già visto.

3. Apri la pagina `index.html` in un browser web. Molti editor HTML includono anche una funzione "Anteprima nel browser" che, con una semplice scorciatoia da tastiera o un'opzione di menu, apre la pagina in un browser web. Vale la pena controllare la documentazione del programma per vedere se include questa funzione per risparmiare tempo. Quando visualizzi la pagina in un browser, il titolo è ora blu. Gli stili in linea possono includere più di una proprietà CSS quindi aggiungiamo un'altra proprietà.

4. Torna all'editor HTML, fai clic dopo il punto e virgola che segue `#6A94CC`, quindi digita `font-size: 3em;`. Il punto e virgola separa due diverse impostazioni di proprietà quindi il tag `<h1>` dovrebbe essere simile al seguente:

```
<h1 style = "color: # 6A94CC;
font-size: 3em;">
```

5. Visualizza l'anteprima della pagina in un browser web. Ad esempio, fai clic sul pulsante Ricarica della finestra del browser (ma assicurati di aver prima salvato il file HTML). Il titolo ora sarà molto più grande e così hai avuto un assaggio di quanto siano laboriosi gli stili in linea. Per rendere tutti i titoli `<h1>` di una pagina simili a questo potrebbero volerci giorni per

aggiungere tutto questo codice ai file HTML.

6. Torna all'editor di pagina ed eliminare l'intera proprietà dello stile, che riporta il tag di intestazione al suo normale `<h1>`.

Fogli di stile interni

Un approccio migliore rispetto agli stili in linea consiste nell'utilizzare un foglio di stile che contiene più regole CSS per controllare più elementi di una pagina. In questa sezione creerai uno stile che influisce su tutti i titoli di primo livello in un colpo solo. Questa singola regola formatta automaticamente ogni tag `<h1>` sulla pagina.

1. Con il file `index.html` aperto nel tuo editor di testo, fai clic direttamente dopo il tag di chiusura `</title>` quindi premi Invio e digita `<style>`. Il tag di apertura `<style>` indica l'inizio del foglio di stile ed è sempre una buona idea chiudere un tag subito dopo aver digitato il tag di apertura, poiché è così facile dimenticare questo passaggio

una volta che si è passati alla scrittura del CSS. In questo caso, chiudi il tag `<style>` con `</style>` prima di aggiungere qualsiasi CSS.

2. Ora aggiungerai un selettore CSS che segna l'inizio del tuo primo stile.

3. Fai clic tra i tag di apertura e di chiusura `<style>` e digita `h1 {`. L'h1 indica il tag a cui il browser web deve applicare lo stile e la parentesi graffa di apertura segna l'inizio delle proprietà CSS per questo stile. In altre parole, dice: "Le cose divertenti vengono subito dopo di me". Come per i tag di chiusura, è una buona idea digitare la parentesi graffa di chiusura di uno stile prima di aggiungere effettivamente qualsiasi proprietà di stile.

4. Premi due volte Invio e digita una singola parentesi graffa di chiusura `}`.

In qualità di partner della parentesi graffa di apertura che hai digitato nell'ultimo passaggio, il compito di questa parentesi graffa è di dire al browser web: "Questa particolare regola CSS finisce qui". Ora è tempo per le cose divertenti.

5. Fai clic sulla riga vuota tra le due parentesi graffe. Premi il tasto Tab e digita `color: #6A94CC;`. Hai digitato la stessa proprietà di stile della versione inline. Il punto e virgola finale segna la fine della dichiarazione di proprietà.

6. Premi nuovamente Invio e aggiungi due proprietà aggiuntive, in questo modo: `font-size: 3em; margin: 0;` Assicurati di non lasciare il punto e virgola alla fine di ogni riga; in caso contrario, il CSS non verrà visualizzato correttamente in nessun browser. Ciascuna di queste proprietà

aggiunge un diverso effetto visivo al titolo. Il primo assegna una dimensione e un carattere al testo mentre il secondo rimuove lo spazio intorno al titolo. Congratulazioni, hai appena creato un foglio di stile interno. Il codice che hai aggiunto dovrebbe assomigliare al seguente:

```
<title>La mia pagina</title>
<style>
h1 {
 color: #6A94CC;
 font-size: 3em;
 margin: 0;
}
</style>
</head>
```

7. Salva la pagina e visualizzane l'anteprima in un browser web.

8. Nel tuo editor, fai clic dopo la parentesi graffa di chiusura dello stile h1 appena creato, premi Invio, quindi aggiungi la seguente regola:

```
p {
  font-size: 1.25em;
  color: #616161;
  line-height: 150%;
  margin-top: 10px;
  margin-left: 60px;
}
```

Questa regola formatta ogni paragrafo della pagina. Non preoccuparti troppo in questo momento di ciò che sta facendo ciascuna di queste proprietà CSS; li vedremo in seguito o puoi capirlo modificandone i valori. Per ora, esercitati a digitare correttamente il codice e fatti un'idea di come aggiungere CSS a una pagina.

9. Visualizza l'anteprima della pagina in un browser. La pagina sta iniziando a prendere forma e puoi vedere in quale direzione stilistica è diretta la pagina.

Il processo su cui hai appena lavorato è CSS in poche parole: inizia con una pagina HTML, aggiungi un foglio di stile e crea regole CSS per rendere la pagina eccezionale. Nella parte successiva, vedrai come lavorare in modo più efficiente, utilizzando fogli di stile esterni.

Fogli di stile esterni

Poiché raggruppa tutti i tuoi stili nella parte superiore della pagina, un foglio di stile interno è molto più facile da creare e manutenere rispetto allo stile in linea che hai creato poche pagine fa. Inoltre, un foglio di stile interno ti consente di formattare un numero qualsiasi di istanze di un tag su una pagina, come ogni tag `<p>`, digitando una semplice regola.

Ma un foglio di stile esterno migliora ulteriormente la situazione: può memorizzare tutti gli stili di un intero sito web. La modifica di uno stile nel foglio di stile esterno aggiorna l'intero sito. In questa sezione, prenderai gli stili che hai creato nella sezione precedente e li inserirai in un foglio di stile esterno.

1. Nel tuo editor di testo, crea un nuovo file e salvalo come `styles.css` nella stessa cartella della pagina web su cui hai lavorato. I file dei fogli di stile esterni terminano con l'estensione `.css`. Il nome file `styles.css` indica che gli stili contenuti nel file si applicano a tutto il sito. (Ma puoi usare qualsiasi nome di file, purché termini con l'estensione `.css`.)

2. Digita la seguente regola nel file `styles.css`:

```css
html {
  padding-top: 25px;
  background-image:
url(immagini/sfondo.png);
}
```

Questa regola si applica al tag `<html>`, il tag che circonda tutti gli altri tag HTML sulla pagina. La proprietà `padding-top` aggiunge spazio tra la parte superiore del tag e il contenuto che va al suo interno. In altre parole, ciò che hai appena digitato aggiungerà 25 pixel di spazio tra la parte superiore della finestra del browser e il contenuto della pagina. L'immagine di sfondo aggiunge un file grafico allo sfondo della pagina. La proprietà CSS background-image può visualizzare l'elemento grafico in molti modi diversi: in questo caso, l'elemento grafico si affiancherà senza interruzioni da sinistra a destra e dall'alto verso il basso, coprendo l'intera finestra del browser.

3. Aggiungi una seconda regola nel file styles.css:

```
body {
 width: 80%;
 padding: 20px;
 margin: 0 auto;
 border-radius: 10px;
```

```
box-shadow: 10px 10px 10px
rgba(0,0,0,.5);
background-color: #E1EDEB;
}
```

Questa regola si applica al tag `<body>`, il tag che mantiene tutto il contenuto visibile in una finestra del browser web. Ci sono molte cose diverse in questo stile ma, in poche parole, questo stile crea una casella per il contenuto della pagina che è l'80 percento della larghezza della finestra del browser, ha un po' di spazio all'interno che sposta il testo dal bordo della casella (questa è la proprietà `padding`) e centra il box sulla pagina (questa è la proprietà `margin`). Infine, il contenitore assume un colore di sfondo azzurro e un'ombra esterna trasparente. Invece di ricreare il lavoro che hai fatto in precedenza, copia semplicemente gli stili che hai creato nella sezione precedente e incollali in questo foglio di stile.

4. Apri la pagina `index.html` su cui stai lavorando e copia tutto il testo all'interno dei tag `<style>`.

5. Copia le informazioni sullo stile nello stesso modo in cui copi il testo. Un foglio di stile esterno non contiene mai HTML: ecco perché non hai copiato i tag `<style>`.

6. Salva `styles.css`. Ora devi solo ripulire il tuo vecchio file e collegare il nuovo foglio di stile.

7. Torna al file `index.html` nel tuo editor di testo ed elimina i tag `<style>` e tutte le regole CSS che hai digitato in precedenza. Non hai più bisogno di questi stili, poiché si trovano nel foglio di stile esterno che stai per allegare. Un'idea importante è che puoi

utilizzare quasi tutti i font che desideri in una pagina web, anche quelli che i tuoi utenti non hanno installato sui propri computer, semplicemente fornendo un collegamento a quel file di font. Esistono molti modi diversi per utilizzare i caratteri web, ma in questo esempio utilizzerai il servizio di font web di Google.

8. Nello spazio in cui si trovavano gli stili (tra il tag `</title>` di chiusura e il tag `</head>` di chiusura), digita quanto segue:

```
<link
href='http://fonts.googleapis.com/
css?family=Varela+Round'
rel='stylesheet'>
```

Ancora una volta, non preoccuparti dei dettagli. Tutto quello che devi sapere per ora è che quando un browser web incontra questo collegamento, scarica un font chiamato Varela Round da un server di Google e i tuoi stili CSS possono usarlo liberamente. Successivamente, ti collegherai al foglio di stile esterno che hai creato in precedenza.

9. Dopo il tag `<link>` aggiunto nel passaggio precedente, digita:

```
<link href="styles.css"
rel="stylesheet">
```

Il tag `<link>` specifica la posizione del foglio di stile esterno. L'attributo `rel` indica semplicemente al browser che si sta collegando a un foglio di stile.

10. Salva il file e visualizzalo in anteprima in un browser web. Vedrai gli stessi stili di testo per i tag `<h1>` e `<p>` che hai creato nel foglio di stile interno. Inoltre, ora è presente uno sfondo (l'immagine di sfondo che hai

applicato al tag `<html>`), nonché un riquadro blu-verdastro di colore chiaro. Quella casella è il tag `<body>` e la sua larghezza è l'80 percento di quella della finestra del browser. Prova a ridimensionare la finestra del browser e nota che anche la casella cambia larghezza. C'è anche un'ombra su questo contenitore; puoi vedere attraverso l'ombra verso lo sfondo. Questo grazie a un tipo di colore speciale, il colore `rgba`, che include un'impostazione di trasparenza. Nota anche che gli angoli del box sono arrotondati, grazie alla proprietà `border-radius`. Ora utilizzerai il carattere web a cui ti sei collegato al passaggio 8.

11. Nell'editor di testo, torna al file `styles.css`. Per lo stile h1, aggiungi le seguenti due righe:

```
font-family: 'Varela Round',
'Arial Black', serif;
font-weight: normal;
```

Lo stile finale dovrebbe apparire così:

```
h1 {
  font-family: 'Varela Round',
  'Arial Black', serif;
  font-weight: normal;
  color: #6A94CC;
  font-size: 3em;
  margin: 0;
}
```

Se visualizzi ora l'anteprima della pagina, vedrai il nuovo carattere, Varela Round, per il titolo. Per dimostrare quanto può essere utile mantenere i tuoi stili nel loro file esterno, allegherai il foglio di stile ad un'altra pagina web.

12. Crea un nuovo file denominato pagina2.html. Questa pagina deve contenere alcuni degli stessi tag

HTML (h1, h2, p e così via) dell'altra pagina web su cui hai lavorato.

13. Fai clic dopo il tag di chiusura `</title>` e premi Invio. Ora ti collegherai sia al font web che al foglio di stile esterno.

14. Digita gli stessi tag `<link>` che hai inserito nei passaggi 8 e 9. Il codice della pagina web dovrebbe essere simile a questo:

```
<title>Pagina 2</title>
 <link
href='http://fonts.googleapis.com/
css?family=Varela+Round'
rel='stylesheet'>
 <link href="styles.css"
rel="stylesheet">
</head>
```

15. Salva la pagina e visualizza l'anteprima in un browser web. Ta-da! Solo due righe di codice aggiunte alla pagina web sono sufficienti per trasformarne istantaneamente

l'aspetto. Per dimostrare quanto sia facile aggiornare un foglio di stile esterno, lo farai modificando uno stile e aggiungendone un altro.

16. Apri il file `styles.css` e aggiungi la famiglia di caratteri della dichiarazione CSS: `"Palatino Linotype", Baskerville, serif;` all'inizio dello stile `p`. Il codice dovrebbe assomigliare a questo:

```
p {
  font-family: "Palatino Linotype",
  Baskerville, serif;
  font-size: 1.25em;
  color: #616161;
  line-height: 150%;
  margin-top: 10px;
  margin-left: 60px;
}
```

In questo caso, non stai utilizzando un carattere web, ma ti affidi al fatto che il visitatore del sito abbia già uno dei caratteri elencati sulla sua macchina.

Successivamente, crea una nuova regola per il tag `<h2>`.

17. Fai clic alla fine della chiusura dello stile p }, premi Invio e aggiungi la seguente regola:

```
h2 {
  color: #B1967C;
  font-family: 'Varela Round',
'Arial Black', serif;
  font-weight: normal;
  font-size: 2.2em;
  border-bottom: 2px white solid;
  background:
url(immagini/icona.png) no-repeat
10px 10px;
  padding: 0 0 2px 60px;
  margin: 0;
}
```

Alcune di queste proprietà CSS le hai già incontrate, alcuni sono nuove, come la proprietà `border-bottom` per l'aggiunta di una riga sotto il titolo. E alcune, come la proprietà `background`, forniscono una scorciatoia per combinare diverse proprietà diverse, in questo caso l'immagine di sfondo e la ripetizione dello sfondo, in una singola proprietà. Gli stili che hai creato finora influiscono principalmente sui tag (h1, h2 e p) e influiscono su ogni istanza di tali tag. In altre parole, lo stile p che hai creato formatta ogni singolo paragrafo della pagina. Se vuoi scegliere come target un solo paragrafo, devi usare un diverso tipo di stile.

18. Aggiungi la seguente regola:

```
.intro {
  color: #666666;
  font-family: 'Varela Round',
Helvetica, sans-serif;
  font-size: 1.2em;
  margin-left: 0;
  margin-bottom: 25px;
}
```

Se visualizzi l'anteprima della pagina index.html in un browser web, vedrai che questo nuovo stile non ha alcun effetto... per ora. Questo tipo di stile utilizza un selettore di classe, che formatta solo i tag specifici a cui si applica la classe. Affinché questo nuovo stile funzioni, è necessario modificare un po' di HTML.

19. Salva il file `styles.css` e passa al file `index.html` nell'editor di testo. Individua il tag di apertura `<p>` dopo il tag `<h1>` e aggiungi `class = "intro"` in modo che il tag di apertura abbia questo aspetto: `<p class = "intro">` Non è necessario aggiungere un punto prima della parola intro come hai fatto quando hai creato lo stile nel passaggio 18 (perché si tratta di una classe). Ripeti questo passaggio per il file `pagina2.html`, in altre parole aggiungi `class = "intro"` al primo tag `<p>` su quella pagina.

20. Salva tutti i file e visualizza in anteprima i file `index.html` e `pagina2.html` in un browser web. Nota che l'aspetto di entrambe le pagine cambia, in base alle semplici modifiche apportate al file CSS. Chiudi gli occhi e immagina che il tuo sito web abbia mille pagine. Hai un'ultima modifica da apportare: se guardi la parte inferiore della pagina nel tuo browser, vedrai l'avviso di copyright. È un po' piccolo e non è allineato con i paragrafi precedenti. Inoltre, sarebbe migliore se condividesse la stessa formattazione degli altri paragrafi. Divertiti a modificarlo come hai imparato.

21. Chiudi il file `styles.css` e ricarica il file `index.html` nel tuo browser web. Per ulteriore pratica, dedica qualche minuto a giocare con il file `styles.css`.

Prova valori diversi per le proprietà del foglio di stile. Ad esempio, prova un numero diverso per la proprietà `width` del `body` o prova diversi numeri per le dimensioni del carattere.

Capitolo 6: Identificare lo stile

Ogni stile CSS ha due parti fondamentali: un selettore e un blocco di dichiarazione. Il blocco di dichiarazione contiene le proprietà di formattazione - colore del testo, dimensione del carattere e così via – fin qui tutto bene. La capacità di concentrare lo stile su elementi specifici risiede in quei primi pochi caratteri all'inizio di ogni regola: il selettore.

Dicendo ai CSS cosa vuoi che formattare, il selettore ti dà il pieno controllo dell'aspetto della tua pagina. Se ti piacciono le regole generali, puoi utilizzare un selettore che si applica a più elementi in una pagina contemporaneamente. Ma se sei un po' più orientato ai dettagli, altri selettori ti consentono di individuare un elemento specifico o una raccolta di elementi simili. I selettori CSS ti danno molta potenza; questo capitolo mostra come usarli.

I selettori utilizzati per definire particolari tag HTML sono chiamati selettori di tipo o elemento. Sono strumenti di styling estremamente efficienti, poiché si applicano a ogni occorrenza di quel tag su una pagina web. Con loro, puoi apportare modifiche di design a una pagina con uno sforzo minimo. Ad esempio, quando vuoi formattare ogni paragrafo di testo su una pagina, usando lo stesso carattere, colore e dimensione, crei semplicemente uno stile usando p (per riferirsi al tag <p>) come selettore.

In sostanza, un selettore di tipo ridefinisce il modo in cui un browser visualizza un particolare tag. Prima del CSS, per formattare il testo, dovevi racchiudere quel testo in un tag `<font>`.

Per aggiungere lo stesso aspetto a ogni paragrafo di una pagina, spesso dovevi usare più volte il tag `<font>`. Questo processo richiedeva molto lavoro e richiedeva molto HTML, rendendo le pagine più lente da scaricare e più dispendiose in termini di tempo per l'aggiornamento. Con i selettori di tipo, in realtà non devi fare nulla per l'HTML: crea semplicemente la regola CSS e lascia che il browser faccia il resto.

I selettori di tipo sono facili da individuare in una regola CSS, poiché hanno lo stesso identico nome del tag che definiscono: `p`, `h1`, `table`, `img` e così via. I selettori di tipo hanno i loro svantaggi, tuttavia, se desideri che alcuni paragrafi abbiano un aspetto diverso dagli altri?

Un semplice selettore di tipo non funziona in questo caso, poiché non fornisce informazioni sufficienti per un browser web per identificare la differenza tra i tag `<p>` che desideri evidenziare in viola, grassetto e con caratteri grandi dai tag `<p>` che desideri con un testo normale e nero. Fortunatamente, i CSS forniscono diversi modi per risolvere questo problema: il metodo più semplice è chiamato selettore di classe.

Quando vuoi dare a uno o più elementi un aspetto diverso dai tag correlati sulla pagina, ad esempio dare a una o due immagini su una pagina un bordo rosso lasciando la maggior parte delle altre immagini prive di stile, puoi utilizzare un selettore di classe. Se hai familiarità con gli stili nei programmi di elaborazione testi come Microsoft Word, i selettori di classe ti sembreranno familiari.

Si crea un selettore di classe assegnandogli un nome e quindi applicandolo solo ai tag HTML che si desidera formattare. Ad esempio, puoi creare uno stile di classe denominato .copyright e quindi applicarlo solo a un paragrafo contenente informazioni sul copyright, senza influire su altri paragrafi.

I selettori di classe ti consentono anche di individuare un elemento esatto, indipendentemente dal suo tag. Supponi di voler formattare una o due parole all'interno di un paragrafo, ad esempio. In questo caso, non vuoi che l'intero tag `<p>` sia interessato, ma solo una singola frase al suo interno. Puoi usare un selettore di classe per indicare solo quelle parole. Puoi persino utilizzare un selettore di classe per applicare la stessa formattazione a più elementi con tag HTML diversi. Ad esempio, puoi dare a un paragrafo e a un'intestazione di secondo livello lo stesso stile, magari un colore e un carattere che hai selezionato per evidenziare informazioni speciali.

A differenza dei selettori di tipo, che ti limitano ai tag HTML esistenti nella pagina, puoi creare tutti i selettori di classe che desideri e metterli dove vuoi. Probabilmente hai notato il punto con cui inizia il nome di ogni selezionatore di classe, ad esempio `.copyright` e `.speciale`. È una delle poche regole da tenere a mente quando si nomina una classe:

- Tutti i nomi dei selettori di classe devono iniziare con un punto. È così che i browser web individuano un selettore di classe nel foglio di stile.
- CSS consente solo lettere, numeri, trattini e trattini bassi nei nomi delle classi.

- Dopo il punto, il nome deve sempre iniziare con una lettera. Ad esempio, `.1icona` non è un nome di classe valido, ma `.icona1` lo è. Puoi avere classi denominate `.copy-right` e `.banner_immagine`, ma non `.-Banner` o `._un_banner`.

- I nomi delle classi fanno distinzione tra maiuscole e minuscole. Ad esempio, CSS tratta `.SIDEBAR` e `.sidebar` come due classi differenti. A parte il nome, crei stili di classe esattamente come gli stili di tag. Dopo il nome della classe, basta semplicemente inserire un blocco di dichiarazione contenente tutto lo stile che desideri:

```
.speciale {
 color:#FF0000;
 font-family:"Monotype Corsiva";
}
```

Poiché i selettori di tipo si applicano a tutti i tag su una pagina web, devi semplicemente definirli nel tuo foglio di stile: i tag HTML che li fanno funzionare sono già presenti.

La libertà extra che ottieni con gli stili di classe, però, ha bisogno di un po' più di lavoro. L'utilizzo dei selettori di classe è un processo in due fasi.

Dopo aver creato una regola di classe, devi quindi indicare dove desideri applicare quella formattazione. Per fare ciò, aggiungi un attributo `class` al tag HTML che desideri applicare allo stile. Supponiamo che tu crei una classe `.speciale` che utilizzerai per evidenziare particolari elementi della pagina.

Per aggiungere questo stile a un paragrafo, aggiungi un attributo `class` al tag `<p>`, in questo modo: `<p class = "special">`

Quando un browser web incontra questo tag, sa di applicare le regole di formattazione contenute nello stile `.speciale` al paragrafo. Puoi anche applicare la formattazione della classe solo a una parte di un paragrafo o di un'intestazione aggiungendo un tag `<span>`. Ad esempio, per evidenziare solo una parola in un paragrafo utilizzando lo stile `.speciale`, potresti scrivere:

```
<p>Benvenuto al <span
class="special">Caffé Pippo</span>, un
bar alquanto speciale.</p>
```

Dopo aver creato uno stile di classe, puoi applicarlo a quasi tutti i tag della pagina. In effetti, puoi applicare la stessa classe a tag diversi, quindi puoi creare uno stile `.speciale` con un carattere e un colore specifici e applicarlo ai tag `<h2>`, `<p>` e `<ul>`.

Un tag, più classi

Non solo puoi applicare la stessa classe a tag diversi, ma puoi anche applicare più classi allo stesso tag. Sebbene possa sembrare del lavoro extra creare più classi e aggiungere più nomi di classi allo stesso tag, è un approccio comune. Ecco un esempio di quando potresti applicare più classi allo stesso tag.

Immagina di progettare un'interfaccia per gestire il carrello degli acquisti di un utente. L'interfaccia richiede una varietà di pulsanti, ognuno dei quali fa qualcosa di diverso. Un pulsante può essere utilizzato per eliminare un prodotto dal carrello, un altro pulsante per aggiungere un articolo e un terzo pulsante per modificare la quantità. Essendo un buon designer, vuoi che i pulsanti condividano alcune somiglianze, come angoli arrotondati e lo stesso font, ma hanno anche il loro aspetto: rosso per il pulsante Elimina, verde per il pulsante Aggiungi e così via.

Per ottenere coerenza e unicità, puoi creare due classi. Una classe verrà applicata a tutti i pulsanti e le altre classi verranno applicate a determinati tipi di pulsanti.

Per iniziare, dovresti creare una classe `.btn`:

```
.btn {

border-radius: 5px;
font-family: Arial, Helvetica, serif;
font-size: .8 em;
}
```

Quindi potresti creare classi aggiuntive per ogni tipo di pulsante:

```
.elimina {
background-color: red;
}
.aggiungi {
background-color: green;
}
```

```css
.modifica {
  background-color: grey;
}
```

Applicando più di una classe a un tag, puoi combinare gli stili e creare sia una coerenza tra i pulsanti che un aspetto unico per ogni tipo di pulsante:

```html
<button class="btn
aggiungi">Aggiungi</button>
<button class="btn
elimina">Elimina</button>
<button class="btn
modifica">Modifica</button>
```

I browser web e HTML non hanno problemi a gestire più classi applicate a un singolo elemento. Nel tag HTML, aggiungi semplicemente l'attributo class e, per il valore, aggiungi ogni nome di classe, separato da uno spazio. Il browser combinerà le proprietà delle varie classi e applicherà il set finale combinato di stili all'elemento. Quindi, nell'esempio corrente, tutti i pulsanti avranno angoli arrotondati e utilizzeranno il carattere Arial a `.8em`.

Tuttavia, il pulsante Aggiungi sarà verde, il pulsante Elimina rosso e il pulsante Modifica grigio. Il vantaggio di questo approccio è che se decidi che i pulsanti non debbano più avere angoli arrotondati o che debbano usare un carattere diverso, devi solo cambiare lo stile `.btn` per aggiornare l'aspetto di ciascuno dei pulsanti. Allo stesso modo, se decidi che il pulsante Modifica deve essere giallo anziché grigio, la modifica dello stile `.modifica` avrà effetto solo su quel pulsante e su nessuno degli altri.

Capitolo 7: Specifici o generici?

Specifici

CSS riserva il selettore ID per identificare una parte univoca di una pagina, come un banner, una barra di navigazione o l'area del contenuto principale. Proprio come con un selettore di classe, crei un ID assegnandogli un nome in CSS, quindi lo applichi aggiungendo l'ID al codice HTML della tua pagina. Allora qual è la differenza?

I selettori di ID hanno alcuni usi specifici nelle pagine web molto lunghe o basate su JavaScript. In caso contrario, sono pochi i motivi validi per utilizzare gli ID rispetto alle classi. Sebbene i web designer non utilizzino i selettori di ID come una volta, è bene sapere cosa sono e come funzionano.

Se decidi di utilizzare un selettore di ID, crearne uno è facile. Proprio come un punto indica il nome di un selettore di classe, un simbolo cancelletto (#) identifica uno stile tramite ID.

Questo esempio fornisce un colore di sfondo e una larghezza e altezza per l'elemento:

```
#banner {
 background: #CC0000;
 height: 300px;
 width: 720px;
}
```

L'applicazione di un ID in HTML è simile all'applicazione di classi ma utilizza un attributo diverso denominato, abbastanza logicamente, id. Ad esempio, per applicare lo stile sopra a un tag <div>, dovresti scrivere questo HTML: <div id = "banner">

Allo stesso modo, per indicare che l'ultimo paragrafo di una pagina è l'unico avviso di copyright di quella pagina, puoi creare uno stile ID chiamato `#copyright` e aggiungerlo al tag di quel paragrafo: `<p id = "copyright">`

Generici

A volte hai bisogno di un modo rapido per applicare la stessa formattazione a diversi elementi diversi. Ad esempio, forse desideri che tutte le intestazioni di una pagina condividano lo stesso colore e carattere. Creare uno stile separato per ogni intestazione - h1, h2, h3, h4 e così via - è troppo faticoso e se in seguito desideri cambiare il colore di tutte le intestazioni, hai sei stili diversi da aggiornare.

Un approccio migliore consiste nell'usare un selettore di gruppo. I selettori di gruppo consentono di applicare uno stile a più selettori contemporaneamente. Per lavorare con i selettori come gruppo, crea semplicemente un elenco di selettori separati da virgole. Quindi, per modellare tutti i tag di

intestazione con lo stesso colore, puoi creare
la seguente regola:

```
h1, h2, h3, h4, h5, h6 {
  color: #F1CD33;
}
```

Questo esempio consiste solo di selettori di
tipo ma è possibile utilizzare qualsiasi
selettore valido (o combinazione di tipi di
selettore) in un selettore di gruppo. Ad
esempio, ecco un selettore di gruppo che
applica lo stesso colore del carattere al tag
`<h1>`, al tag `<p>`, a qualsiasi tag con lo stile
della classe `.copyright` e al tag con l'ID
`#banner`:

```
h1, p, .copyright, #banner { color:
#F1CD33; }
```

Pensa a un selettore di gruppo come
scorciatoia per applicare le stesse proprietà
di stile a diversi elementi di pagina. CSS offre

anche una sorta di selettore di gruppo totale: il selettore universale. Un asterisco (*) è un'abbreviazione universale del selettore per selezionare ogni singolo tag.

Ad esempio, supponi di voler visualizzare tutti i tag sulla tua pagina in grassetto. Il tuo selettore di gruppo potrebbe essere simile al seguente:

```
a, p, img, h1, h2, h3, h4, h5 ... {
  font-weight: bold;
}
```

L'asterisco, tuttavia, è un modo molto più breve per dire ai CSS di selezionare tutti i tag HTML sulla pagina:

```
* {font-weight: bold; }
```

Puoi persino utilizzare il selettore universale come parte di un selettore discendente, in modo da poter applicare uno stile a tutti i tag che discendono da un particolare elemento della pagina. Ad esempio, `.banner *` seleziona ogni tag all'interno dell'elemento della pagina a cui hai applicato la classe `banner`.

Poiché il selettore universale non specifica alcun tipo particolare di tag, è difficile prevedere il suo effetto sul valore di pagine di un intero sito web composte da una varietà di tag HTML diversi. Per formattare molti diversi elementi della pagina, i guru delle pagine web si affidano all'ereditarietà, una caratteristica CSS, tuttavia, alcuni web designer utilizzano il selettore universale come un modo per rimuovere tutto lo spazio attorno agli elementi a livello di blocco.

Per esempio, puoi aggiungere spazio attorno a un elemento utilizzando la proprietà CSS `margin` e aggiungere spazio tra il bordo di un elemento e il contenuto all'interno utilizzando la proprietà `padding`. I browser aggiungono automaticamente quantità variabili di spazio per tag diversi, quindi un modo per iniziare con una pagina pulita e rimuovere tutto lo spazio intorno ai tag è il seguente:

```
* {
  padding: 0;
  margin: 0;
}
```

Capitolo 8: Pseudo-classi ed elementi

A volte è necessario selezionare parti di una pagina web che non hanno tag di per sé ma sono comunque facili da identificare, come la prima riga di un paragrafo o un collegamento quando ci si sposta il mouse sopra. I CSS ti danno una manciata di selettori per questi effetti: pseudo-classi e pseudo-elementi.

Affrontiamo questo argomento per i collegamenti (link) infatti quattro pseudo-classi consentono di formattare i collegamenti in quattro stati diversi in base a come un visitatore ha interagito con quel collegamento. Identificano quando un collegamento si trova in uno dei seguenti quattro stati:

- `a:link` seleziona qualsiasi collegamento che il tuo utente non ha ancora visitato, quando il mouse non passa sopra o non fa clic su di esso. Questo stile è il tuo normale collegamento web inutilizzato.

- `a:visited` è un collegamento su cui il tuo utente ha fatto clic in precedenza, in base alla cronologia del browser web. Puoi definire lo stile di questo tipo di collegamento in modo diverso rispetto a un normale collegamento per dire al tuo visitatore: "Ehi, ci sei già stato qui!"

- `a:hover` consente di modificare l'aspetto di un collegamento quando il visitatore passa il mouse su di esso. Gli effetti di rollover che puoi creare non sono solo per divertimento ma possono fornire un utile feedback visivo per i pulsanti su una barra di navigazione. Puoi anche usare la pseudo-classe `:hover` su elementi diversi dai link. Ad esempio, puoi usarlo per evidenziare il testo in un `<p>` o `<div>` quando i tuoi utenti passano il mouse su di esso. In tal caso, invece di utilizzare `a:hover` (che è per i collegamenti) per aggiungere un effetto hover, puoi creare uno stile denominato `p:hover` per creare un effetto specifico quando qualcuno passa il mouse su un paragrafo. Se desideri solo applicare uno stile ai tag con una classe specifica di evidenziazione, crea uno stile denominato `.evidenzia:hover`.

- `a:active` consente di determinare l'aspetto di un collegamento quando l'utente fa clic. In altre parole, copre quel breve intervallo in cui qualcuno preme il pulsante del mouse, prima di rilasciarlo.

Le linee guida CSS definiscono diversi potenti selettori di pseudo-classi e pseudo-elementi oltre a quelli trattati finora. Il supporto per questi selettori in tutti i browser tranne i più vecchi è molto buono.

La pseudo-classe `:focus` funziona in modo molto simile alla pseudo-classe `:hover`. Mentre `:hover` si applica quando un utente posiziona il mouse su un collegamento, `:focus` si applica quando il visitatore fa qualcosa per indicare la sua attenzione a un elemento di una pagina web, di solito facendo clic o facendo clic su di esso.

Nel gergo della programmazione, quando un visitatore fa clic in una casella di testo su un modulo Web, si concentra (focus) su quella casella di testo. Quel clic è l'unico indizio di un web designer su dove il visitatore sta concentrando la sua attenzione.

Il selettore `:focus` è principalmente utile per fornire un feedback ai tuoi utenti, perciò di solito è usato per cambiare il colore di sfondo di una casella di testo per indicare dove sta digitando del testo l'utente.

Questo stile, ad esempio, aggiunge un colore giallo chiaro a qualsiasi casella di testo in cui un visitatore fa clic o quando clicca su Tab e focalizza l'attenzione qui:

```
input:focus {
  background-color: #FFFFCC;
}
```

Il selettore `:focus` si applica solo mentre l'elemento è selezionato. Quando un visitatore preme su Tab in un altro campo di testo o fa clic in un altro punto della pagina, allontana il focus e le proprietà CSS dalla casella di testo.

Lo pseudo-elemento `:before` fa qualcosa che nessun altro selettore può fare: ti permette di aggiungere contenuto prima di un dato elemento. Ad esempio, supponi di voler inserire `"SUGGERITO!"` prima di alcuni paragrafi per farli risaltare. Invece di digitare quel testo nell'HTML della tua pagina, puoi lasciare che il selettore `:before` lo faccia per te.

Questo approccio non solo salva il codice ma, anche se decidi di cambiare il messaggio, puoi cambiare ogni pagina del tuo sito con una rapida modifica al tuo foglio di stile. (Lo svantaggio è che questo messaggio speciale è invisibile ai browser che non capiscono CSS o non capiscono il selettore `:before`.).

Esattamente come il selettore `:before`, lo pseudo-elemento `:after` aggiunge il contenuto generato, ma dopo l'elemento e non prima. È possibile utilizzare questo selettore, ad esempio, per aggiungere virgolette di chiusura (") dopo un testo che fa parte di una citazione.

www.ingramcontent.com/pod-product-compliance
Lightning Source LLC
La Vergne TN
LVHW051349050326
832903LV00030B/2897